Practical English & Chinese for Hotel Service

호텔실무 영어&중국어

송지미 · 장지혜 공저

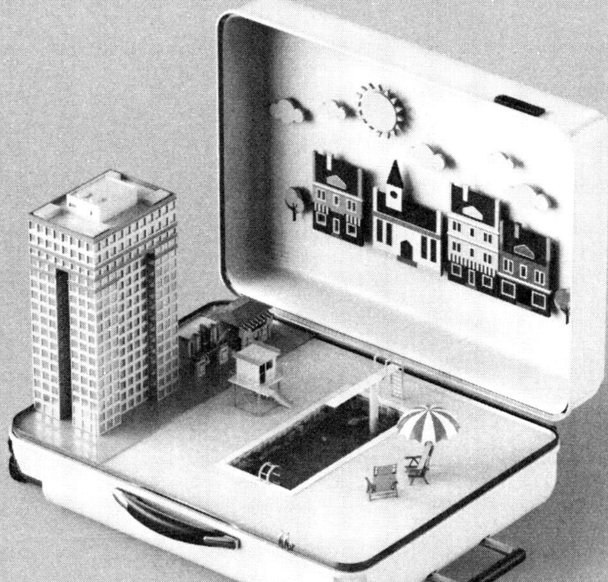

호텔관광 관련학과에서 영어 교육과 함께 중국어 교육도 이루어지고 있으나 주로 영어 위주로 교육하고 있습니다. 그러나 현장에서는 영어, 중국어, 호텔관광 실무 영역에 대한 융합능력을 요구하고 있습니다. 이에 본 교재는 호텔관광 업무와 관련된 내용의 영어 및 중국어를 각각의 언어적 사고를 통하여 다른 언어를 활용할 수 있도록 구성하였습니다.

백산출판사

머리말

우리나라는 관광문화산업을 21세기 국가 기간산업으로 제시하고 있으며, 최근 한국을 찾는 해외 관광객의 수도 점차 증가하고 있습니다. 이러한 추세에 발맞추어 세계 각지에서 우리나라를 방문하는 관광객들에게 한국을 올바로 알리고 효율적으로 서비스할 수 있는 호텔관광업무 관련 인재를 양성하는 것이 절대적으로 필요한 상황이라 하겠습니다. 특히 호텔관광업무와 관련하여 관광통역안내사, 호텔경영사, 호텔관리사, 호텔서비스사와 같은 호텔관광업무 종사자들 모두에게 절실하게 필요한 자질과 역량 가운데 하나가 실무 외국어 사용능력입니다.

최근 한국을 방문하는 중국 관광객이 외국인 관광객 중 가장 많고 이에 따라 외국어 교육현장에서도 영어와 더불어 중국어 교육에 많은 투자를 하고 있습니다. 실제로 호텔관광 관련학과, 영어 관련학과, 중국어 관련학과에서 영어교육과 더불어 중국어교육이 많이 이루어지고 있습니다. 그러나 그 기간이 두 학기 정도로 길지 않은 편이며, 대부분 영어를 위주로 교육하고 있는 실정입니다. 그럼에도 불구하고 현장에서는 세 가지 영역인 영어, 중국어, 호텔관광 실무영역에 대한 융합능력을 요구하고 있습니다. 그렇지만 두 가지 언어를 동시에 단기간에 익히는 것이 쉽지 않고, 국내에 두 가지 언어를 사용하여 호텔관광업무를 익힐 수 있도록 편찬된 실무교재가 많이 출간되지도 않은 상황입니다.

이에 영어 전공자인 송지미가 영어 관련부분을, 중국어 전공자인 장지혜가 중국어 관련부분을 담당하여 그동안 대학교육현장에서 가르치고 경험한 다양한 내용을 바탕으로 호텔관광업무와 관련된 영어와 중국어 두 가지 언어를 동시에 익힐 수 있도록 요약하여 정리하고, 비교 · 분석하여 교재를 만들었습니다. 그러므로 이 저서의 목표는 어떻게 하면 학습자가 영어적 사고에서 중국어를 활용하고, 중국어적 사고에서 영어를 활용할 수 있을까 하는 점을 염두에 두고 두 언어의 유사점을 찾아 교재내용을 구성하였습니다. 또한 정확성을 높이기 위해 두 언어의 원어민 교수들로부터 최종적인 감수를 받고, 호텔관광업무의 현장감을 살리기 위하여 호텔관광 실무경험이 있는 전공교수님의 의견과 조언을 더해 책의 완성도를 높였습니다.

책의 내용도 학습자들의 학습능률 향상을 위해 핵심구문 익히기, 업무분야별 회화능력 향상하기, 어휘 및 문법 익히기, 연습문제로 구성하고, 마지막으로 각 업무별 팁을 추가하였습니다. 이에 본 교재는 호텔관광관련 예비 종사자들뿐만 아니라, 관련업종에 종사하는 분들께도 많은 도움을 줄 것으로 기대합니다.

모쪼록 이 책이 관련업종에 종사하는 분에게 많은 도움이 되기를 바랍니다.

저자 일동

차 례

단원별 학습내용

	단원	주요 내용	핵심 어법 및 어휘
Part 1 객실 부문	Unit 1 도어맨 서비스	고객 환영 및 환송 상황과 관련된 표현을 배운다.	1. May I help you with + 명사구 2. Let me + 동사원형 3. Get + 목적어 + in the trunk 4. We're all done 5. 연동문 6. 사역동사: '让' 7. '把'자문 8. 결과보어: '完'
	Unit 2 프런트 서비스 1 _ 예약했을 때	체크인 서비스 중 예약한 상황에서의 관련 표현을 배운다.	1. under the name of + 이름 2. as it appears + 전치사구 3. 전치사: '以'와 '在' 4. 비교문: '跟~一样'
	Unit 3 프런트 서비스 2 _ 예약하지 않았을 때	체크인 서비스 중 예약하지 않은 상황에서의 관련 표현을 배운다.	1. 명사구 + left 2. If + 주어 + 동사구 3. 어기조사 '了'와 '已经~了' 4. 가정관계: '如果~的话'
	Unit 4 벨맨 서비스	밸맨이 고객을 객실로 안내하고 객실 안의 주요 시설을 설명해 주는 상황과 관련된 표현을 배운다.	1. It's an honor + to-부정사구 2. 주어 + have arrived 3. 선후관계: '先~然后' 4. 전치사: '按照'

	단원	주요 내용	핵심 어법 및 어휘
	Unit 5 세탁 서비스	고객의 세탁 서비스 문의에 대한 응대상황에서의 관련 표현을 배운다.	1. need + 명사구 + 과거분사 2. take + 시간 3. 조동사: '得'와 '要' 4. 조동사: '会'
	Unit 6 오퍼레이터 서비스	호텔시설 중 고객이 수영장과 스파 이용에 대해 물었을 때 응대하는 법과 관련된 표현을 배운다.	1. get a 20% discount 2. be + included 3. 할인 표현: '打折' 4. 부사: '顺便'
	Unit 7 모닝콜 서비스	고객의 모닝콜 서비스 신청 및 모닝콜하는 상황과 관련된 표현을 배운다.	1. 의문사(구) + would you like + 명사구 2. According to + 명사구 3. 정도보어 4. 동사: '据说'
	Unit 8 컨시어지 서비스 1	고객이 관광지 가는 법과 주변 맛집을 소개해 달라는 것에 대한 응대상황과 관련된 표현을 배운다.	1. Take + 명사구 + and, transfer to + 명사구 + at + 장소 2. Get off at + 장소, and then exit at + 명사구 3. '多'를 사용한 의문사 4. 동사: '值得'
	Unit 9 컨시어지 서비스 2	고객이 공연 티켓을 예약해 달라고 하는 상황과 관련된 표현을 배운다.	1. 의문사(구) + would be best for you? 2. 시간 + before 3. 의문대명사: '怎么' 4. 조동사: '可以'
	Unit 10 프런트 데스크 _ 캐셔 서비스 1	프런트 데스크에서 환전 업무를 하는 상황과 관련된 표현을 배운다.	1. higher today than yesterday 2. I'll be happy + to-부정사 3. '比'를 이용한 비교문 4. 선택관계: '或者'

	단원	주요 내용	핵심 어법 및 어휘
	Unit 11 프런트 데스크 _ 캐셔 서비스 2	고객이 체크아웃할 때 영수증상의 사용내역 관련 문의하는 상황에서의 관련 표현을 배운다.	1. send + 사람 + to-부정사 2. 30% more 3. 양보관계: A是A 4. 시량보어
Part 2 식음료 부문	Unit 12 레스토랑 서비스 1	예약고객에 대한 자리 안내 및 음식 주문받는 과정과 관련된 상황에서의 표현을 배운다.	1. ~ are booked 2. When + 주어 + 동사구 3. 동태조사: '了' 4. 전치사구 보어
	Unit 13 레스토랑 서비스 2	고객에게 음식을 주문받고 제공되는 음식에 대해 설명하는 상황에서의 관련 표현을 배운다.	1. How would you like + 명사구 2. Medium well, please 3. '对~(很)受欢迎' 4. 익히는 정도에 대한 표현
	Unit 14 레스토랑 서비스 3	제공된 요리에 대한 고객의 컴플레인 응대와 디저트 주문받는 상황과 관련된 표현을 배운다.	1. not as + 형용사 + as usual 2. Which would you prefer? 3. '有点儿'과 '一点儿' 4. '有'를 사용한 비교문
	Unit 15 커피숍 서비스	고객에게 음료를 주문받는 상황 및 잘못 제공된 음료에 대한 컴플레인 응대상황과 관련된 표현을 배운다.	1. 명사구 + is most popular of all 2. I made a mistake 3. 점층관계: '除了~以外, 还/也' 4. 선택관계: '还是'
	Unit 16 바텐더 서비스	바에서 바텐더가 고객에게 음료를 주문받고 음료 추천해 주는 상황과 관련된 표현을 배운다.	1. What kind of + 명사구 + would you like? 2. I'd like to + 동사원형 3. 동사의 중첩 4. 동태조사: '着'

	단원	주요 내용	핵심 어법 및 어휘
	Unit 17 룸 서비스	전화로 고객에게 조식을 주문받는 상황에서 고객이 메뉴에 없는 음식을 주문했을 때 응대하는 상황과 관련된 표현을 배운다.	1. I will ask + 목적어 + to-부정사구 2. The kitchen said + (that)-절 3. 동량사: '一下' 4. 가정용법: '虽然~但(是)'
Part 3 **관리 부문 - 마케팅 부서**	Unit 18 고객과의 이메일 1	신규 고객의 이메일로 인센티브 관광과 관련해 문의하는 상황과 관련된 표현을 배운다.	1. As it happens 2. will be + 동사-ing 3. 서신 표제: '~에 관한 건' 4. 끝맺음말
	Unit 19 고객과의 이메일 2	인센티브 관광에 대해 고객이 문의한 내용과 관련된 견적서 및 최종확인서를 보내는 상황과 관련된 표현을 배운다.	1. got ~ 2. a more detailed menu 3. '关于'와 '对于'의 차이점 4. 답메일의 첫 문장
	Unit 20 우편을 이용한 판매촉진 활동	기존 고객에게 우편으로 회원카드 적립 및 상품권 증정과 관련된 판촉행사 내용 안내하기와 관련된 표현을 배운다.	1. inform + 목적어 + (that)-절 2. apply with 3. '将'의 여러 가지 용법 4. '~에 근거하다.'는 의미의 전치사들
	Unit 21 프레젠테이션 1	신규 고객에게 PPT로 호텔 홍보하는 상황 중 도입부분에 대한 내용과 관련된 표현을 배운다.	1. I'm the + 직책 + of + 근무파트 + at + 회사이름 2. a tradition of + 명사구 3. 점층관계: '而且~也' 4. 동사 '截止'와 '截至'
	Unit 22 프레젠테이션 2	신규 고객에게 PPT로 호텔 홍보하는 상황 중 본론 부분과 마무리 내용 및 관련된 표현을 배운다.	1. As of ~ 2. with all our strength 3. '认为', '以为', '觉得'의 비교 4. 접속사: '比如'

호텔 부서의 구분

호텔은 객실 부문(Room Division), 식음료 부문(F&B Department), 부대시설 부문(Assessory Business), 관리 부문(Management and Executive Department)의 4가지 기본조직으로 나뉘어 각 부문별 지배인(Manager)들의 경영과 호텔의 최고 경영자인 총지배인(General Manager)의 전반적인 지휘통제하에 경영된다.

객실 부문은 호텔의 가장 중요한 상품인 객실의 판매와 예약, 현관서비스, 객실청소 등 객실 서비스에 관한 전반적인 직무를 하는 곳이다. 객실의 주요 업무는 크게 프런트 오피스(Front Office) 업무와 하우스 키핑(House Keeping) 업무로 나뉜다. 프런트 오피스 업무의 주요 업무는 프런트 데스크 업무, 예약업무, 도어맨의 업무, 벨맨의 업무, 오퍼레이션 서비스, 비스니스센터 서비스 업무 등이 있다. 하우스 키핑의 주요 업무는 객실의 청소 및 관리, 기구와 비품의 선택과 관리 및 리넨류의 세탁과 보급을 담당하는 업무가 주가 된다.

식음료 부문은 호텔 내의 식당, 라운지, 커피숍 등에서 고객에게 음식과 음료를 판매 및 조달하는 곳이다.

부대시설 부문은 호텔에서 객실과 식당을 제외한 시설로 헬스장, 카지노, 오락, 연회, 위락시설 등을 고객에게 제공하는 것에 관한 직무를 수행하는 곳이다.

마지막으로 관리 부문은 호텔의 두뇌역할을 하는 곳으로 호텔회계, 종사자들의 급료 등 회계관리와 호텔 운영기획 및 마케팅, 인사관리 재정업무를 수행한다. 그중에서 마케팅은 소비자의 욕구에 적합한 시설과 서비스를 개발함과 동시에 적절한 가격 수준으로 제공해야 한다(SD관광교육연구소 편저(2015), 『관광학개론』, (주)시대고시기획).

Part 1

객실 부문

Room Division _ 客房部门

Part 1에서는 객실부서 중 프런트 오피스 업무에서의 상황 회화를 통해 프런트 데스크 업무, 도어맨의 업무, 벨맨의 업무, 컨시어지 업무 그리고 오퍼레이션 서비스 등을 이해하고 이와 관련된 표현을 배워 보겠다.

UNIT 01

도어맨 서비스

핵심 구문 익히기 ▸

• **아래 한국어를 영어 또는 중국어로 써보세요.**

1. 짐을 옮겨드릴까요?

1) 영 어 ______________________

2) 중국어 ______________________

2. 그럼, 프런트 데스크로 안내해 드리겠습니다.

1) 영 어 ______________________

2) 중국어 ______________________

3. 짐을 실어드릴까요?

1) 영 어 ______________________

2) 중국어 ______________________

4. 3시 비행기를 타려고요.

1) 영 어 ______________________

2) 중국어 ______________________

5. 손님, 다 실었습니다.

1) 영 어 ______________________

2) 중국어 ______________________

회화 1 ▸ 고객 맞이할 때

(Opening the car door / 开着车门)

Doorman	Welcome to our G&G Hotel. May I help you with your luggage?
迎宾先生	欢迎光临G&G宾馆！需要帮您拿您的行李吗？ huānyíng guānglín G&G bīnguǎn! xūyào bāng nín ná nín de xíngli ma?
Guest	Okay, thank you.
客人	好，谢谢。 hǎo, xièxie.
Doorman	Is this all your luggage?
迎宾先生	行李都齐了吗？ xíngli dōu qí le ma?
Guest	Yes, thank you.
客人	是，谢谢你的服务。 shì, xièxie nǐ de fúwù.
Doorman	Let me take you to the front desk. You may enter through the revolving door.
迎宾先生	让我陪您去总服务台。请您走过前边的旋转门就行。 ràng wǒ péi nín qù zǒngfúwùtái. qǐng nín zǒuguo qiánbiān de xuánzhuǎnmén jiù xíng.
Guest	Thank you.
客人	谢谢。 xièxie.

새단어

ENGLISH luggage _ 짐, 여행가방

revolving door _ 회전문

汉 语 迎宾先生 _ yíngbīnxiānsheng _ 명 도어맨

行李 _ xíngli _ 명 짐, 여행가방

总服务台 _ zǒngfúwùtái _ 명 프런트 데스크

旋转门 _ xuánzhuǎnmén _ 명 회전문

회화 2 ▸ 고객 환송할 때

Doorman Are you leaving today?
迎宾先生 今天你回国吗?
jīntiān nǐ huíguó ma?

Guest Yes, I'll catch a 3 O'Clock flight.
客人 是，要坐三点的飞机。
shì, yào zuò sān diǎn de fēijī.

Doorman Can I load your luggage?
迎宾先生 让我帮您把您的行李放在后备箱吗?
ràng wǒ bāng nín bǎ nín de xíngli fàng zài hòubèixiāng ma?

Guest Yes, will you? Please get my two big luggage in the trunk.
客人 好，那请把这儿的两件行李放在后备箱吧。
hǎo, nà qǐng bǎ zhèr de liǎng jiàn xíngli fàng zài hòubèixiāng ba.

Doorman Yes, I'll load it soon.
迎宾先生 好，先生，我马上帮您吧。
hǎo, xiānsheng, wǒ mǎshàng bāng nín ba.

Guest Thank you.
客人 谢谢。
xièxie.

Doorman We're all done, sir. I hope you visit us again!
迎宾先生 先生，都装完了。请慢走，欢迎您再次光临。
xiānsheng, dōu zhuāng wán le. qǐng màn zǒu, huānyíng nín zàicì guānglín.

Guest OK, goodbye.
客人 谢谢你的服务，再见。
xièxie nǐ de fúwù, zàijiàn.

새단어

ENGLISH leave _ 떠나다 load _ (짐을) 싣다

汉 语 后备箱 _ hòubèixiāng _ 명 차 트렁크 装 _ zhuāng _ 동 싣다

문법 & 어휘 익히기 ▸

1. May I help you with + 명사구: ~을/를 도와드릴까요?

May I help you with your luggage?
짐을 들어드릴까요?

'~해 드릴까요?'는 'May I help you?'라는 기본 표현에 'with + 명사구'를 더하여 다음과 같이 다양하게 바꾸어 표현할 수 있다.

(1) May I help you with your reservation? (예약을 도와드릴까요?)

(2) May I help you with the door? (문을 열어드릴까요?)

(3) May I help you with the dessert? (디저트를 가져다 드릴까요?)

2. Let me + 동사원형: 제가 ~을/를 해드릴게요.

Let me take you to the front desk.
You may enter through the revolving door.
프런트 데스크까지 안내해 드릴게요. 회전문을 이용하세요.

'Let + 목적어 + 동사원형'의 구문은 '제가 ~을/를 해드릴게요'라는 표현으로 다양한 동사를 사용하여 다음과 같이 표현할 수 있다.

(1) Let me bring you some dessert. (디저트를 가져다 드릴게요.)

(2) Let me take your luggage. (짐을 들어드릴게요.)

'회전문으로'라는 표현을 쓸 때, with와 같은 전치사를 사용하는 오류를 범하기 쉽다. 그러나 이와 같은 표현에는 through나 by를 사용하여 'through/by the revolving door'라고 표현해야 한다. 예를 들어 '회전문을 이용하세요.'라는 표현을 할 때는 'You may enter through/by the revolving door'라고 쓰는 것이 정확하다.

1. 연동문

需要**帮**您**拿**行李吗?
짐을 들어드릴까요?

연동문은 하나의 주어에 술어로 쓰이는 동사구가 두 개 이상인 문장을 말한다. 형태는 '주어 + (부사어) + 술어1 + (목적어1) + 술어2 + (목적어2)'이며, 종류는 다음과 같다. 1) 동작의 순서에 따라 두 개의 술어가 차례로 오는 경우, 2) 위의 예문처럼 술어2가 술어1의 원인 또는 목적인 경우, 3) 술어1이 술어2의 방식, 수단, 도구인 경우로, 이때, 술어1은 주로 '来', '去', '到'이다. 4) 술어1이 '有'나 '没有'인 경우이다. 또 첫 번째 술어 동사는 중첩할 수 없다.

(1) 我**去**上海**出差**。

(2) 她**打开**电脑**查**预订名单。

(3) 他**坐**飞机**去**深圳。

(4) 我**有**一件问题想跟你**商量**。

出差 [chūchāi] 출장가다
深圳 [Shēnzhèn] 심천
电脑 [diànnǎo] 컴퓨터
名单 [míngdān] 명단

2. 사역동사: '让'

让我陪您去总服务台吧。
프런트 데스크로 안내해 드리겠습니다.

사역문은 겸어문의 일종으로 '누구에게 무엇을 시키다.'라는 뜻을 표현할 때 사용한다. 사역문에 쓰이는 대표적인 동사로는 '让', '叫', '使'가 있다. 어순은 '주어 + 동사1 (让, 叫, 使) + 목적어(동사2의 주어) + 동사2 + 목적어'의 형태로 쓰인다. 부정의 형태는 동사1 앞에 부정부사 '不'나 '没'를 쓰면 된다.

(1) 很抱歉, **让**您久等了。

(2) 礼宾部的李科长**让**你带这个传真去608号房间。

1. Get + 목적어 + in the trunk: ~를 트렁크에 실어주세요.

Please *get* my two big luggage *in the trunk*.
그럼 큰 가방 두 개를 트렁크에 실어주세요.

'get + 목적어 + 장소 전치사구' 구문은 '~를 ~에 놓다.'라는 표현이다. get 대신에 place로 바꾸어 쓸 수 있다. in 대신에 out of를 사용하면 '빼다.'라는 의미가 된다. 이와 같은 구문을 사용하여 다음과 같이 표현할 수 있다.

(1) Can you place my luggage in the truck. (짐을 트렁크에 실어주세요.)

(2) Can you get my luggage out of the truck. (짐을 트렁크에서 빼주세요.)

2. We're all done: 다 되었습니다.

We're all done, sir. I hope you visit us again!
손님 다 되었습니다. 또 방문해 주세요.

'We're all done'는 '다 되었습니다.'라는 표현으로 'We're all finished'로 바꾸어 사용할 수 있다.

(1) We're all finished, sir. I hope you visit us again!
(손님 다 되었습니다. 또 방문해 주세요.)

또한 'I hope + (that)-절' 구문은 '~를 희망하다.'라는 표현으로, 주로 that-절 안의 미래조동사 will이 생략되어 동사원형으로 다음과 같이 쓰인다.

(1) I hope you (will) have a nice time with us.
(저희와 함께 즐거운 시간 보내시기 바랍니다.)

(2) I hope you (will) enjoy the sightseeing.
(즐거운 관광되시기 바랍니다.)

1. '把'자문

那请把这儿的两件行李放在后备箱。
그럼 여기 있는 가방 두 개를 트렁크에 실어주세요.

중국어에서 목적어는 일반적으로 동사 뒤에 위치하지만, 행동을 강조하여 말하고자 하는 경우 목적어를 술어 앞에 놓기도 한다. 이때 목적어 앞에 전치사 '把'를 둬 '把 + 목적어'의 형태로 만든 후 술어 앞에 놓으며, 목적어는 반드시 화자와 청자가 모두 알고 있는 내용이어야 한다. 이러한 문장을 '把자문'이라고 하는데, 아래와 같은 특징을 가지고 있다. 1) 술어 동사 뒤에 '결과보어', '방향보어', '어기조사', 동사의 중첩 등의 기타 성분이 놓이지만 '가능보어'나 조사 '过'는 쓰지 않는다. 2) 이중목적어를 취하는 동사의 경우 간접목적어를 술어 동사 뒤에 쓴다. 3) 부정사, 조동사, 부사는 '把 + 목적어' 앞에 놓인다.

(1) 请**把**那两件行李拿**来**。

(2) 服务员**把**608号房间的钥匙送**给我**了。

(3) 我昨天**把**那件传真传**到朴先生那儿**了。

(4) 服务员将**把**咖啡带**回来**。

(5) 你一定要**把**这件事儿办**好**。

钥匙 [yàoshi] 열쇠
传真 [chuánzhēn] 팩스

2. 결과보어: 完

都装**完**了。
다 실었습니다.

결과보어는 동작의 진행결과가 어떠한지를 보충 설명하는 성분으로 '동사 + 보어(동사/형용사)'의 형태로 쓰인다. 문장의 특징은 1) 동사와 결과보어 사이에 다른 성분이 오지 않는다. 2) 부정할 때에는 동사 앞에 '没(有)'를 쓴다. 결과보어로 사용되는 동사 '完'은 어떤 결과가 다 끝났다는 의미를 나타낼 때 쓴다.

(1) 游客们吃**完**饭就去房间休息。

(2) 住宿登记表还没写**完**。

游客 [yóukè] 관광객
住宿登记卡 [zhùsùdēngjìkǎ] 숙박카드

연습문제 ▸

1. 단어 혹은 구문 활용하여 영어 또는 중국어 문장을 만드세요.

1) May I help you with ~

➡ ______________________________

2) Let me ~

➡ ______________________________

3) I hope ~

➡ ______________________________

4) 让(사역동사)

➡ ______________________________

5) '把'자문

➡ ______________________________

6) 完(결과보어)

➡ ______________________________

2. 빈칸에 알맞은 단어를 넣어 대화문을 완성하세요.

Doorman Are you (   ) today?
迎宾先生 今天你回国吗?

Guest Yes, I'll (   ) a 3 o'clock flight.
客人 是, (   )坐三点的飞机。

Doorman Can I load your (   )?
迎宾先生 让我帮您(   )您的行李放在后备箱吗?

Guest Yes, will you? Please get my two big luggage (   ) the trunk.
客人 好, 那请把这儿的两(   )行李放在后备箱。

Doorman We're all (   ) sir. I hope you visit us again!
迎宾先生 先生, 都(   )完了。请慢走, 欢迎您再次光临。

3. 도어맨이 손님을 맞이하는 상황에 대해 영어 또는 중국어로 대화를 만들고 연습해 보세요.

UNIT 02

프런트 데스크 서비스 1

핵심 구문 익히기 ▸

• **아래 한국어를 영어 또는 중국어로 써보세요.**

1. 지난주 금요일에 윌리엄스 다니엘 이름으로 이미 예약했습니다.

1) 영　어 ______________________

2) 중국어 ______________________

2. 오늘부터 28일까지 3박 4일로 트윈룸 예약되어 있습니다. 맞으신가요?

1) 영　어 ______________________

2) 중국어 ______________________

3. 여기 숙박카드를 작성해 주세요.

1) 영　어 ______________________

2) 중국어 ______________________

4. 성명은 여권이름과 동일하게 써주십시오.

1) 영　어 ______________________

2) 중국어 ______________________

5. 그럼 여권 보여주세요. 확인되셨습니다.

1) 영　어 ______________________

2) 중국어 ______________________

회화 ▸ 체크인 서비스 1: 예약한 경우

Front clerk
总服务台

May I help you?
您需要什么帮忙?
nín xūyào shénme bāngmáng?

Daniel
丹尼尔

OK! Last Friday, I made a reservation under the name of Williams Daniel.
是，我上个星期五以威廉斯丹尼尔的名义在网上预订
shì, wǒ shàng ge xīngqīwǔ yǐ wēiliánsī dānníěr de míngyì zài wǎngshàng yùdìng
了一个房间。
le yí ge fángjiān.

Front clerk
总服务台

Please hold on. Let me check.
请稍等。我帮您查一下。
qǐng shāo děng. wǒ bāng nín chá yíxià.

Did you make a reservation from today to the 28th, three nights four days, under the name of Williams Daniel. Is that right?
以威廉斯丹尼尔先生的名义预订了从今天到28号共住
yǐ wēiliánsī dānníěr xiānsheng de míngyì yùdìng le cóng jīntiān dào èrshíbā hào gòngzhù
四天三夜的双人间，对吗?
sìtiān sānyè zhù de shuāngrénjiān, duì ma?

Daniel
丹尼尔

Sure! May I get a room that faces downtown? Is one available?
是，对了。我想要换个朝大街的房间，可以吗?
shì, duì le. wǒ xiǎngyào huàn ge cháo dàjiē de fángjiān, kěyǐ ma?

Front clerk
服务台

Let me check. Please wait a second.
我查一下。请等一会儿。
wǒ chá yíxià. qǐng děng yíhuìr.

Yes! it's available. Then may I have your passport?
Here is your passport.
有，可以换个房间。那请出示您的护照。都确认完了。
yǒu, kěyǐ huàn ge fángjiān. nà qǐng chūshì nín de hùzhào. dōu quèrèn wǎn le.

Please fill in this registration form, and write your name as it appears in your passport.
请填这张住宿登记表。填写上的姓名大小跟护照上的一样写吧。
qǐng tián zhè zhāng zhùsù dēngjìbiǎo. tián xiěshang de xìngmíng dàxiǎo gēn hùzhàoshang de yíyàng xiě ba.

Daniel 丹尼尔

Sure! I'm done. Here you go.
知道了。都写完了。给你。
zhīdào le. dōu xiě wán le. gěi nǐ.

Front clerk 服务台

We are all done! Here's your room key.
都办好了。这是您的房卡，请拿好。
dōu bàn hǎo le. zhè shì nín de fángkǎ, qǐng ná hǎo.

Check out time is at 12 am. If you don't check out at that time, you will get an over charge. Our bellman will take your luggage to your room.
退房时间是十二点，十二点以后退房的话，会收取额外房费。
tuìfáng shíjiān shì shíèr diǎn, shíèr diǎn yǐhòu tuìfáng dehuà, huì shōuqǔ éwài fángfèi.
服务员会把您的行李拿到房间。
fúwùyuán huì bǎ nín de xíngli ná dào fángjiān.

Mr. Kim, please escort this guest to his room.
Room number is 608.
你把这位客人陪到他的房间吧。是608号房间。
nǐ bǎ zhè wèi kèrén péi dào tā de fángjiān ba. shì liù líng bā hào fángjiān.

Bellman 行李员

Yes, ma'am.
好的，知道了。
hǎo de, zhīdào le.

Front clerk 总服务台

If you have any problems during your stay, at any time contact to the front desk and ask us. Have a good night!
住宿期间您有什么问题的话，随时向总服务台联络。晚安!
zhùsù qījiān nín yǒu shénme wèntí dehuà, suíshí xiàng zǒngfúwùtái liánluò. wǎn'ān!

Daniel 丹尼尔

Thanks.
谢谢。
xièxie.

새단어

ENGLISH

reservation: 예약

available: 이용 가능한

over charge: 추가요금

hold on 잠깐만요

fill in: 기입하다, 작성하다

汉 语

预订 _ yùdìng _ [동] 예약하다

查 _ chá _ [동] 조사하다, 검사하다

朝 _ cháo _ [개][동] ~을 향하여, ~을 마주하다

护照 _ hùzhào _ [명] 여권

住宿 _ zhùsù _ [동] 묵다, 숙박하다

退房 _ tuìfáng _ [동] 체크아웃하다

额外 _ éwài _ [형] 초과한, 별도의

随时 _ suíshí _ [부] 수시로, 언제든지

联络 _ liánluò _ [동] 연락하다

以~的名义 _ yǐ~de míngyì _ ~의 이름으로

四天三夜 _ sìtiān sānyè _ 3박 4일

出示 _ chūshì _ [동] 내보이다, 제시하다

确认 _ quèrèn _ [동] 확인하다

住宿登记表 _ zhùsù dēngjìbiǎo _ 숙박카드

收取 _ shōuqǔ _ [동] 받다, 수납하다

期间 _ qījiān _ [명] 기간, 시간

向 _ xiàng _ [개] ~(으)로, ~을[를] 향하여

문법 & 어휘 익히기 ▸

1. under the name of + 이름: ~의 이름으로

I made a reservation *under the name of* Williams Daniel.
윌리엄스 다니엘이라는 이름으로 예약했습니다.

호텔이나 식당 등을 사전에 예약할 때 'under the name of + 예약자 이름'의 형태로 표현한다. 'make a reservation'은 '예약을 하다.'라는 표현으로 동사 reserve와 같은 의미이다.

(1) I reserved under the name of Williams Daniel.
(윌리엄스 다니엘 이름으로 예약했습니다.)

(2) Did you make a reservation under the name of Smith John?
(스미스 존의 이름으로 예약을 하셨습니까?)

2. as it appears + 전치사구: ~의 것과 동일하게

Write your name *as it appears* in your passport.
여권이름과 동일하게 써주십시오.

'as it appears + 전치사구' 구문은 '~의 것과 동일하게'의 의미를 나타내며, 다음과 같이 다양하게 응용할 수 있다.

(1) Can you write the phone number as it appears in your registration card.
(숙박계에 기입하셨던 전화번호와 동일하게 써주십시오.)

(2) Please tell me your full name as it appears in your passport.
(여권 이름을 말씀해 주세요.)

1. 전치사: '以'와 '在'

上个星期五以威廉斯丹尼尔的名义在网上预订了一个房间。
지난주 금요일에 윌리엄스 다니엘이라는 이름으로 인터넷에서 방 하나를 예약했어요.

전치사 '以'는 1) '~로', '~을(를) 가지고', '~을(를) 근거로', 2) 주다라는 의미가 있는 동목구조에 '~에게 ~을(를) 주다.', 3) '~에 의해', '~에 따라', 4) '~ 때문에', '~로 인하여' 등의 다양한 의미로 사용된다.

(1) 以代表的资格要求他们。

(2) 顾客们给服务员以力量。

(3) 以大少从小到大排列。

(4) 以精通宾馆情况，被任为总经理。

资格 [zīgé] 자격
排列 [páiliè] 배열하다

'在'는 동사 '~에 있다.', 전치사 '~에', 부사 '~하고 있는 중이다.' 등의 여러 품사에 여러 의미로 사용된다. '在'가 전치사로 사용될 경우 뒤에 시간명사나 장소명사와 함께 쓰여, '주어 + 在 + 명사 + 술어'의 형태로 쓰면 된다.

(1) 他现在不在总服务台。(동사)

(2) 游客们在总服务台登记手续。(전치사)

(3) 他在给美国公司打电话。(부사)

2. 비교문: '跟 ~ 一样'

填写上的姓名大小跟护照上的一样写吧。
여권상의 이름과 동일하게 쓰세요.

'A跟 ~ B一样'은 비교의 형태로 'A는 B처럼 ~하다.' 또는 'A와 B는 같다.'는 의미로 쓰인다.

(1) 新来的职员跟我一样努力工作。

(2) 这个房间的大小跟那个一样。

연습문제 ▸

1. 단어 혹은 구문 활용하여 영어 또는 중국어 문장을 만드세요.

1) under the name of ~

➡ ______________________________

2) as it appears ~

➡ ______________________________

3) 以(전치사)

➡ ______________________________

4) 在(전치사)

➡ ______________________________

5) 跟 ~ 一样

➡ ______________________________

2. 빈칸에 알맞은 말을 넣어 대화문을 완성하세요.

Daniel	Last Friday, I made a reservation (　　) the name of Williams Daniel.
丹尼尔	我上个星期五(　　)威廉斯丹尼尔的(　　)在网上(　　)了一个房间。
Front clerk	Please hold on. Let me check. Did you (　　) a reservation from today to the 28th, under the name of Williams Daniel. Is that right?
总服务台	请稍等。我帮您查一下。 以威廉斯丹尼尔先生的名义(　　)了一个从今天到28日住的双人间，对吗?
Daniel	Sure! May I get a room that (　　　　) downtown. Is one available?
丹尼尔	是，对了。我想要(　　)个朝大街的房间，可以吗?
Front clerk	Yes! it's (　　　　). Then may I have your passport?
服务台	有，可以(　　)个房间。那请(　　)您的护照。
	Please fill in this registration form, and write your name as it (　　　　) in your passport. 请(　　)这张住房登记表。(　)护照上的名字(　　)写吧。
Daniel	Sure! I'm done. Here you go.
丹尼尔	知道了。都写(　　)了。给你。

3. 프런트 데스크에서 예약한 손님을 응대하는 상황에 대해 영어 또는 중국어로 대화를 만들고 연습해 보세요.

UNIT 03

프런트 데스크 서비스 2

핵심 구문 익히기 ▸

• **아래 한국어를 영어 또는 중국어로 써보세요.**

1. 오늘 투숙하고 싶어요.

1) 영 어 ______________________________

2) 중국어 ______________________________

2. 그럼 객실요금은 얼마인가요?

1) 영 어 ______________________________

2) 중국어 ______________________________

3. 현재 더블룸은 일일에 24만 원이고, 서비스 요금 10%는 별도입니다.

1) 영 어 ______________________________

2) 중국어 ______________________________

4. 비자카드로 결제 가능합니다.

1) 영 어 ______________________________

2) 중국어 ______________________________

5. 현재 싱글룸은 다 찼고, 주차장 쪽 더블룸 하나만 남아 있습니다.

1) 영 어 ______________________________

2) 중국어 ______________________________

회화 ▸ 체크인 서비스 2: 예약하지 않은 경우

Front clerk 总服务台
May I help you?
请问, 您需要什么服务?
qǐngwèn, nín xūyào shénme fúwù?

Daniel 丹尼尔
Can I have a room for tonight?
今天晚上我想在这儿住。
jīntiān wǎnshang wǒ xiǎng zài zhèr zhù.

Front clerk 总服务台
Did you have a reservation?
您预订了吗?
nín yùdìng le ma?

Daniel 丹尼尔
No. Is there any room available?
没预订了。还有空房间吗?
méi yùdìng le. hái yǒu kōng fángjiān ma?

Front clerk 总服务台
What type of room would you like, sir?
您需要什么样的房间?
nín xūyào shénmeyàng de fángjiān?

Daniel 丹尼尔
Do you have a single room?
有单人间吗?
yǒu dānrénjiān ma?

Front clerk 总服务台
Wait a minute. Let me check for room availability.
请稍等。我帮您查一下。
qǐng shāo děng. wǒ bāng nín chá yíxià.

Sorry, we only have one room left. It is a double room and faces the parking lot. Are you OK with this room?
真抱歉, 单人间已经都住满了, 现在只剩一个正对
zhēn bàoqiàn, dānrénjiān yǐjīng dōu zhù mǎn le, xiànzài zhǐ shèng yí ge zhèngduì
停车场的双人间了, 怎么样?
tíngchēchǎng de shuāngrénjiān le, zěnmeyàng?

Daniel I'll take it. It's OK. What's the room rate per night?
丹尼尔 那双人间一天多少钱?
nà shuāngrénjiān yì tiān duōshao qián?

Front clerk It'll be ₩240,000 not including a 10% tax and a 10% service charge. Customers that don't have a reservation must pay in advance for one night.
总服务台 一晚240,000万韩币, 而另加10%的附加税和10%的
yì wǎn èrshísì wàn hánbì, ěr lìng jiā bǎifēnzhī shí de fùjiāshuì hé bǎifēnzhī shí de
服务费。还有没预订的客人先付一天的房费。
fúwùfèi. háiyǒu méi yùdìng de kèrén xiān fù yìtiān de fángfèi.

Daniel OK, I'll take it. Do you accept a credit card?
丹尼尔 好, 我要住这个房间。可以用信用卡支付吗?
hǎo, wǒ yào zhù zhè ge fángjiān. kěyǐ yòng xìnyòngkǎ zhīfù ma?

Front clerk Yes, but we only accept visa cards.
总服务台 没问题, 可是只用维萨卡结帐。
méiwèntí, kěshì zhǐyòng wéisàkǎ jiézhàng.

First, may I have your passport? Please fill out the registration form.
请先把您的护照给我一下, 然后填写这张住宿登记表。
qǐng xiān bǎ nín de hùzhào gěi wǒ yíxià, ránhòu tián xiě zhè zhāng zhùsùdēngjìbiǎo.

Daniel OK, Is this correct?
丹尼尔 好。这样写行吗?
hǎo. zhèyang xiě xíng ma?

Front clerk Yes, you're right. Now may I swipe your card?
总服务台 是, 对了。那把您的信用卡给我一下。
shì, duì le. nà bǎ nín de xìnyòngkǎ gěi wǒ yíxià.

Daniel Here it is.
丹尼尔 给你。
gěi nǐ.

Front clerk	All done! The room number is 608. Here are your card and key card.
总服务台	手续都办好了。是608号房间。 shǒuxù dōu bàn hǎo le. shì liù líng bā hào fángjiān. 这是您的房卡和信用卡，请拿好。 zhè shì nín de fángkǎ hé xìnyòngkǎ, qǐng ná hǎo.
	Our bellman will escort you. If you have a problem during your stay, contact us. Have a nice day! 行李员会陪您去您的房间。如果您在住宿期间有任何问题 xínglǐyuán huì péi nín qù nín de fángjiān. rúguǒ nín zài zhùsù qījiān yǒu rènhé wèntí 的话，请与我们联络。希望您过得愉快。 dehuà, qǐng yǔ wǒmen liánluò. xīwàng nín guò de yúkuài.
Daniel	Thank you.
丹尼尔	好，谢谢。 hǎo, xièxie.
Bellman	Could you please follow me? I'll guide you.
行李员	请跟我来。让我带您去您的房间。 qǐng gēn wǒ lái. ràng wǒ dài nín qù nín de fángjiān.

새단어

ENGLISH

- pay in advance _ 선불로 하다
- fill out _ 기입하다
- registration form _ 숙박카드
- parking lot _ 주차장

汉语

- 单人间 _ dānrénjiān _ 명 1인실
- 剩 _ shèng _ 동 남다, 남기다
- 停车场 _ tíngchēchǎng _ 명 주차장
- 双人间 _ shuāngrénjiān _ 명 2인실
- 附加税 _ fùjiāshuì _ 명 부과세
- 服务费 _ fúwùfèi _ 서비스 비용
- 维萨卡 _ wéisàkǎ _ 비자카드
- 房卡 _ fángkǎ _ 명 카드키
- 陪 _ péi _ 동 모시다, 안내하다
- 愉快 _ yúkuài _ 형 기쁘다, 즐겁다

1. 명사구 + left: ~가 남겨진

We only have one room *left*.
It is a double room and faces the parking lot.
주차장 쪽 더블룸 하나만 남았습니다.

'명사구 + left' 구문은 '~가 남겨진'의 의미로 명사구에 동사 leave의 과거분사인 left가 더하여 이루어진 구문이다. 그리고 face는 '~쪽을 향하다.'라는 의미의 동사로 사용된 것이다.

(1) We only have one ticket left. (티켓이 한 장만 남았습니다.)

(2) You only have one day left to spend time at the hotel.
(호텔에 체류할 수 있는 날이 단지 하루 남았습니다.)

2. If + 주어 + 동사구: 만약 ~한다면

If you have any problems during your stay, please contact us.
머무시는 동안 문의사항 있으시면 저희에게 연락주십시오.

'만약 ~한다면'이라는 구문은 미래에 어떤 일이 발생한다는 의미를 나타낼 때 쓰이는 표현으로 'If + 주어 + 동사구' 구문으로 나타낼 수 있다. 그리고 contact은 '(전화 등의) 연락을 취하다.'라는 의미의 동사이다. 위와 같은 구문을 사용하여 다음과 같이 다양한 표현으로 쓸 수 있다.

(1) If you need anything else, please call me again.
(더 필요한 게 있으시면 저에게 전화해 주십시오.)

(2) If you leave earlier than scheduled, please tell me in advance.
(예정보다 일찍 떠나신다면 미리 말씀해 주십시오.)

1. 어기조사 '了'와 '已经 ~ 了'

单人间已经都住满了，现在只剩一个正对车停站的双人间了。
싱글룸은 다 찼고, 지금은 주차장 쪽 더블룸만 하나 남아 있습니다.

조사 '了'는 문장 끝에 쓰여 상황, 상태의 변화, 새로운 상황의 출현 등을 나타내는 어기조사로 사용되며, '已经 ~ 了'는 '이미 ~되었다.'는 의미로 사용되기도 한다.

(1) 那家饭店已经有五十年的历史了。

(2) 我已经提前预定了座位。

提前 [tíqián] (예정된 시간 · 위치를) 앞당기다
座位 [zuòwèi] 좌석

2. 가정관계: '如果 ~ 的话'

如果您在住宿期间有任何问题的话，请与我们联络。
머무르시는 동안 문의사항 있으시면 저희에게 연락주세요.

'如果~的话'는 '만약에 ~한다면'의 의미로 앞절에 쓰여 가정을 나타내며, 뒷절에는 '就', '那么' 등을 쓴 후 가정에 대한 결론, 결과 등의 내용을 쓴다. 이때 '如果'나 '的话'는 하나만 써도 의미는 같다.

(1) 如果您订购一百万元以上的话，就可以打八折。

(2) 不够的话一会儿再点。

订购 [dìnggòu] 예매하다, 주문하다
打折 [dǎzhé] 가격을 깎다

연습문제 ▸

1. 단어 혹은 구문 활용하여 영어 또는 중국어 문장을 만드세요.

1) 명사구 + left

➡ ______________________________

2) contact

➡ ______________________________

3) face(동사)

➡ ______________________________

4) 已经 ~ 了

➡ ______________________________

5) 如果 ~ 的话

➡ ______________________________

2. 빈칸에 알맞은 단어를 넣어 대화문을 완성하세요.

Front clerk　Did you have a reservation?
总服务台　您预订了吗?

Daniel　No. Is there any room (　　　　　)?
丹尼尔　(　　)预订了。还有(　　)房间吗?

Front clerk　What (　　　) of room do you want?
总服务台　您需要(　　　)的房间?

Daniel　Do you have a single room?
丹尼尔　有单人间吗?

Front clerk　Wait a minute. Let me (　　　) for room availability. Sorry, we only have one room left. It is a double room and (　　　　　) the parking lot.
总服务台　请稍等。我帮您(　　　)一下。真抱歉,单人间(　　　)都住满(　　), 现在只剩一个正对车停站的双人间了。

Daniel　What's the room (　　　　　) per night?
丹尼尔　那双人间一天多少钱?
Front clerk　It will be ₩240,000 not (　　　　　) a 10% tax and a 10% (　　　　　) (　　　　　).
总服务台　现在双人间一晚240,000万韩币, 还要另外(　　　)10%的税金和10%的(　　　)。

Daniel　OK, I'll take it. Do you (　　　　　) a credit card?
丹尼尔　好,我要住这个房间。可以(　　)信用卡(　　)吗?

Front clerk　Yes. All done!
总服务台　没问题。手续都(　　)好了。

3. 프런트 데스크에서 예약하지 않은 손님을 응대하는 상황에 대해 영어 또는 중국어로 대화를 만들고 연습해 보세요.

UNIT 04

벨맨 서비스

핵심 구문 익히기 ▸

• **아래 한국어를 영어 또는 중국어로 써보세요.**

1. 퇴실하실 때 드신 것에 대한 요금이 계산됩니다.

1) 영　어 ______________________________

2) 중국어 ______________________________

2. 사용할 때는 이 버튼을 누르세요.

1) 영　어 ______________________________

2) 중국어 ______________________________

3. 온도 조절은 이 조절기를 사용해주세요.

1) 영　어 ______________________________

2) 중국어 ______________________________

4. 룸메이드를 불러주세요.

1) 영　어 ______________________________

2) 중국어 ______________________________

5. 팁을 받지 않는 것이 저희 호텔의 방침입니다.

1) 영　어 ______________________________

2) 중국어 ______________________________

회화 ▸ 객실 안내 서비스

Bellman It's an honor to serve you. Let me take you to your room. May I take your luggage?

行李员 很高兴为您服务。我要陪您到房间。

hěn gāoxìng wéi nín fúwù. wǒ yào péi nín dào fángjiān.

我来帮您提行李, 请给我吧。

wǒ lái bāng nín tí xíngli, qǐng gěi wǒ ba.

Guest Take my two luggage, please.

客人 谢谢。那请帮我拿这两个行李。

xièxie. nà qǐng bāng wǒ ná zhè liǎng ge xíngli

Bellman Come with me, please. Take this elevator, please.

行李员 知道了, 请来这儿, 坐这个电梯吧。

zhīdào le, qǐng lái zhèr, zuò zhè ge diàntī ba.

(After arriving on the 6th floor / 到六楼后)

Bellman We've arrived. Could you please follow me?

行李员 到了, 请下电梯一下。请跟我来。

dào le, qǐng xià diàntī yíxià. qǐng gēn wǒ lái.

May I show you your room? Do you like it?

这是您的房间, 觉得怎么样?

zhè shì nín de fángjiān, juéde zěnmeyàng?

Guest It has a nice view.

客人 好, 这个房间的前景真不错!

hǎo, zhè ge fángjiān de qiánjǐng zhēn búcuò!

Bellman Here is your refrigerator. When you check out, we will charge the items you have eaten or drunk and here is your safe.

行李员 你的右边是冰箱。使用冰箱里的饮料和食物的话, 就办理

nǐ de yòubian shì bīngxiāng. shǐyòng bīngxiāngli de yǐnliào hé shíwù dehuà, jiù bànlǐ

退房手续时一起结帐。还有保险箱在这儿。

tuìfáng shǒuxù shí yìqǐ jiézhàng. háiyǒu bǎoxiǎnxiāng zài zhèr.

When you use it, press this button and make a pin number.
您要用时，先按这个按钮，然后输入您的密码就可以。
nín yào yòng shí, xiān àn zhè ge ànniǔ, ránhòu shūrù nín de mìmǎ jiù kěyǐ.

Guest	OK.
客人	好，明白了。 hǎo, míngbái le.
Bellman	There is a light switch to your left of the entrance. You can control your room temperature with this controller. If you need room maintenance or laundry services, all you need to do is call house cleaning.
行李员	开关就是门口的左边，要调节室内温度，用那个调温 kāiguān jiù shì ménkǒu de zuǒbian, yào tiáojié shìnèi wēndù, yòng nà ge tiáo 控器就行。需要打扫房间和洗衣服务的话，请与房务 wēnkòngqì jiù xíng. xūyào dǎsǎo fángjiān hé xǐyī fúwù dehuà, qǐng yǔ fángwù 中心联络。 zhōngxīn liánluò.
Guest	Thank you for kindly explaining everything to me. Here is your tip.
客人	谢谢您的细心的说明，这是小费。 xièxie nín de xìxīn de shuōmíng, zhè shì xiǎofèi.
Bellman	Thank you, but no taking a tip is our hotel policy. So I can't take it.
行李员	谢谢，那按照我们酒店的规定，我们不能收到小费。 xièxie, nà àn zhào wǒmen jiǔdiàn de guīdìng, wǒmen bù néng shōu dào xiǎofèi.

새단어

ENGLISH

- charge _ (요금)을 부과하다
- pin number _ 비밀번호
- room maintenance _ 객실청소
- laundry service _ 세탁 서비스

汉 语

- 电梯 _ diàntī _ 명 엘리베이터
- 办理 _ bànlǐ _ 동 처리하다
- 结帐 _ jiézhàng _ 동 결제하다
- 按 _ àn _ 동 개 (손이나 손가락 등으로) 누르다, ~에 따라서
- 输入 _ shūrù _ 동 입력하다
- 前景 _ qiánjǐng _ 명 경치, 전망
- 手续 _ shǒuxù _ 명 수속
- 保险箱 _ bǎoxiǎnxiāng _ 명 소형금고
- 按照 _ ànzhào _ ~에 따라, ~에 따르다
- 按钮 _ ànniǔ _ 버튼 스위치
- 密码 _ mìmǎ _ 명 비밀번호

温度 _ wēndù _ 명 온도

调节 _ tiáojié _ 동 조절하다

细心 _ xìxīn _ 형 세심하다

规定 _ guīdìng _ 명 동 규정(하다)

温控器 _ wēnkòngqì _ 온도 조절기

打扫 _ dǎsǎo _ 동 청소하다

小费 _ xiǎofèi _ 명 팁

문법 & 어휘 익히기 ▸

1. It's an honor + to-부정사구: ~하여 영광입니다.

It's an honor to serve you.
모시게 되어 영광입니다.

'It's an honor + to-부정사구'는 '~하여 영광입니다.'라는 표현이다. 여기서 It은 'to serve you'를 받는 가주어이다.

(1) It's an honor to be with you. (당신과 함께하여 영광입니다.)

(2) It's an honor to meet you again. (당신을 다시 뵙게 되어 영광입니다.)

2. 주어 + have arrived: ~는 도착했습니다.

We'*ve arrived.*
도착했습니다.

'(우리) 도착했습니다.'라고 상대방에게 얘기할 때 'We arrived'라는 과거 표현보다는 완료형인 'We've arrived'라는 표현이 더 정확하다. 한국어에는 완료형이 없기 때문에 'We arrived'라고 쓰는 오류를 범하기 쉽다.

(1) We've arrived at your room, sir. (손님, 객실에 도착했습니다.)

(2) They've just arrived at the hotel. (그들이 막 호텔에 도착했습니다.)

1. 선후관계: '先 ~ 然后'

先按这个按钮, **然后**输入您的密码就可以。
우선 이 버튼을 누르고, 그런 후에 비밀번호를 입력하면 됩니다.

'先~然后'는 두 가지 일의 순서를 나타낼 때 쓰며, '우선 ~하고 그런 다음에 ~하다.'의 의미이다. 앞절은 먼저 일어난 일이나 동작, 뒷절은 뒤에 일어난 일이나 동작을 나타낸다. '先'은 '首先'으로 바꾸어도 의미에는 큰 차이가 없지만 형태는 달라져 '首先'은 접속사로 문장의 앞에 오고, '先'은 부사로 술어 동사 앞에 온다.

(1) 下午的日程是这样安排的: **首先**参加公司的会议, **然后**参观工厂。

(2) 他打算**先**去餐厅吃晚饭, **然后**去电影院看电影。

日程 [rìchéng] 일정　　安排 [ānpái] (인원・시간 등을) 준비하다
参加 [cānjiā] 참가하다, 참석하다　　参观 [cānguān] 참관하다, 시찰하다

2. 전치사: '按照'

按照我们酒店的规定, 我们不能收到小费。
저희 호텔의 규정에 따라, 팁을 받을 수 없습니다.

전치사 '按照'는 '~에 의해', '~에 따라'의 의미로 쓰이며, 어떤 기준에 따른다는 것을 표현할 때 주로 쓴다. 또 '~에 따라서', '~에 의거해서'라는 의미를 가진 '按'과 바꾸어 쓰기도 한다.

(1) **按照**公司的安排, 我们将在9月份去奖励旅游。

(2) **按照**公司的规定, 一个月有一天休假。

奖励旅游 [jiǎnglìlǚyóu] 인센티브 관광
休假 [xiūjià] 휴가를 보내다

연습문제 ▸

1. 단어 혹은 구문 활용하여 영어 또는 중국어 문장을 만드세요.

1) It's an honor ~

➡ ________________________________

2) ~ have arrived

➡ ________________________________

3) 办理

➡ ________________________________

4) 先 ~ 然后

➡ ________________________________

5) 按照

➡ ________________________________

2. 빈칸에 알맞은 단어를 넣어 대화문을 완성하세요.

Bellman	It's an ( ) to serve you. Let me take you to your room. May I ( ) your luggage?
行李员	很高兴( )您服务。我要陪您到房间。 我( )帮您提行李, 请给我吧。
Guest	Thank you. So take my two luggage.
客人	谢谢。那请帮我拿这两个行李。
Bellman	Come with me, please. ( ) this elevator, please. We've ( ). Follow me, please. May I show you your room?
行李员	知道了, 请这儿来, ( )这个电梯吧。 到了, 请( )电梯一下。请跟我来。这是您的房间。
Guest	OK. Thank you. Here is your tip.
客人	谢谢。这是( )。
Bellman	Thank you, but no taking a tip is our hotel ( ). So I can't take it.
行李员	谢谢, 那( )我们酒店的规定, 我们不能( )到小费。

3. 벨맨이 고객을 객실로 안내하고 객실 정보를 제공하는 상황에 대해 영어 또는 중국어로 대화를 만들고 연습해 보세요.

UNIT 05

세탁 서비스

핵심 구문 익히기 ▸

• **아래 한국어를 영어 또는 중국어로 써보세요.**

1. 세탁 서비스실의 미스터 박입니다.

1) 영　어 ______________________________

2) 중국어 ______________________________

2. 특급 세탁 서비스는 한 시간 정도 걸립니다.

1) 영　어 ______________________________

2) 중국어 ______________________________

3. 1시간 후에 가져다 드리도록 하겠습니다.

1) 영　어 ______________________________

2) 중국어 ______________________________

4. 세탁물 요청서를 기입하여 주세요.

1) 영　어 ______________________________

2) 중국어 ______________________________

5. 세탁물 자루에 세탁물을 담아주세요.

1) 영　어 ______________________________

2) 중국어 ______________________________

회화 ▸ 세탁 서비스 문의에 대한 응대

Staff　Good morning, sir? I'm Mr. Park. How can I help you?
服务员　您好，是客房部，我姓朴。请问想办理什么业务?
nín hǎo, shì kèfángbù, wǒ xìng piáo. qǐngwèn xiǎng bànlǐ shénme yèwù?

Daniel　I need a white shirt and my suit dry-cleaned. I also need a pair of pants ironed. When can I pick it up?
丹尼尔　我想干洗一套西服和一件衬衫，还有请把一条裤子熨一下。
wǒ xiǎng gànxǐ yí tào xīfú hé yí jiàn chènshān, háiyǒu qǐng bǎ yì tiáo kùzi yùn yíxià.
什么时候能取?
shénme shíhòu néng qǔ?

Staff　Normal cleaning service takes about 5 hours and express cleaning service takes about 1 hour.
服务员　普通服务一般需要五个小时左右，加快服务需要一个小时。
pǔtōng fúwù yìbān xūyào wǔ ge xiǎoshí zuǒyòu, jiākuài fúwù xūyào yí ge xiǎoshí.

Daniel　I have to be ready in one hour and a half, so I'll use express service.
丹尼尔　1个半小时以后我得出去，就要加快洗衣服务。
yí ge bàn xiǎoshí yǐhòu wǒ děi chūqù, jiù yào jiākuài xǐyī fúwù.

Staff　I'll bring it to you in one hour.
服务员　我们会在一个小时后，准时送回您的房间。
wǒmen huì zài yí ge xiǎoshí hòu, zhǔnshí sòng huí nín de fángjiān.

Daniel　How may I pay?
丹尼尔　什么时候付钱呢?
shénme shíhòu fù qián ne?

Staff　When you check out, you can pay.
服务员　退房的时候一起结算。
tuìfáng de shíhòu yìqǐ jiésuàn.

I'll send you the staff, so please fill out the request form and put your clothes in the basket and place it outside of your room door.
我马上派人到您的房间收取洗衣物。首先您在洗衣单上
wǒ mǎshàng pàirén dào nín de fángjiān shōuqǔ xǐyīwù. shǒuxiān nín zài xǐyīdānshang
填写一下，然后把洗衣物和洗衣单放在衣袋里，再把衣袋
tián xiě yíxià, ránhòu bǎ xǐyīwù hé xǐyīdān fàng zài yīdàili, zài bǎ yīdài
放到您的房间门外就行。
fàng dào nín de fángjiān ménwài jiù xíng.

Daniel 丹尼尔 Yes, thanks.
好，谢谢。
hǎo, xièxie.

새단어

ENGLISH
- iron _ 다림질하다
- clean _ 세탁하다
- express cleaning service _ 특급 세탁 서비스
- request form _ 요청서

汉 语
- 客房部 _ kèfángbù _ 명 객실부
- 干洗 _ gānxǐ _ 동 드라이클리닝을 하다
- 套 _ tào _ 명 전체, 세트
- 熨 _ yùn _ 동 다림질하다
- 普通服务 _ pǔtōng fúwù _ 일반 서비스
- 加快服务 _ jiākuài fúwù _ 특급 서비스
- 准时 _ zhǔnshí _ 부 제때에, 정시에
- 收费 _ shōufèi _ 동 비용을 받다

문법 & 어휘 익히기 ▸

1. need + 명사구 + 과거분사: ~이 ~될 필요가 있다.

I *need* a pair of pants *ironed*.
바지 하나를 다림질해 주셨으면 하는데요.

'need + 명사구 + 과거분사' 구문은 '~이 ~될 필요가 있다.' 의미로서 '~를 ~해주세요.' 라는 표현을 할 때 유용하다. '다림질하다.'는 의미의 iron은 press로 바꾸어 쓸 수 있다.

(1) I need my dress pressed. (제 드레스를 다림질해 주세요.)

(2) I need a leather jacket and a blouse dry-cleaned.
(가죽 재킷과 블라우스를 드라이클리닝해 주세요.)

2. take + 시간: ~시간이 걸리다.

Normal cleaning service *takes* about 5 hours.
일반 세탁 서비스는 5시간 정도 걸립니다.

'시간이 ~만큼 걸리다.'라는 표현을 하고 싶을 때는 take를 사용하여 다음과 같이 다양하게 표현할 수 있다.

(1) Meal order via room service takes over 30 minutes.
(룸 서비스를 이용한 음식 주문은 적어도 30분 이상이 걸립니다.)

(2) How long does the room maintenance take?
(객실 청소는 어느 정도 걸리나요?)

1. 조동사: '得'와 '要'

1个半小时以后我<u>得</u>出去，就<u>要</u>加快洗衣服务。
1시간 30분 이후에 나가야 하니, 특급 서비스로 할게요.

위의 문장에서 조동사 '得'는 '~해야 한다.(의지, 필요성)'의 의미로 사용되었다. 이 밖에도 '~일 것이다.(추측의 필연성)', '~할 만 하다.(가치)'의 의미로 쓰인다.

(1) 新产品再不上市，就<u>得</u>滞销了。(추측의 필연성)

(2) 这场表演你<u>得</u>去看一下。(가치)

위의 문장에서 조동사 '要'는 '~하려고 한다.(의지)'라는 의미로 쓰였다. 일반적으로 부정형은 '不要'의 형태이지만 의지를 나타내는 의미에서의 부정형은 '不想(~하고 싶지 않다.)'으로 쓴다. 이 밖에 조동사 '要'는 '~할 것이다.(추측, 가능성)', '~해야 한다.(당위성)'로 쓰인다.

(1) 听说他订了那家酒店的宴会厅，可能<u>要</u>结婚了。(추측, 가능성)

(2) 周末之前我<u>要</u>交营业报告书。(당위성)

滞销 [zhìxiāo] (판매가) 부진하다
上市 [shàngshì] 출시되다
营业 [yíngyè] 영업하다

2. 조동사: '会'

我们<u>会</u>在一个小时后，准时送回您的房间。
1시간 후에 가져다 드리도록 하겠습니다.

위의 조동사 '会'는 '~할 것이다.(실현)'의 의미로 사용되었다. 이 밖에 '~할 수 있다.(능력)', '~할 것이다.(미래에 대한 가능성의 추측)'의 의미로도 사용된다.

(1) 那个服务员<u>会</u>说汉语，还有能看中文报。(능력)

(2) G&G酒店<u>会</u>在不久的将来成为全球第一。(추측)

将来 [jiānglái] 미래
全球 [quánqiú] 글로벌

연습문제 ▸

1. 단어 혹은 구문 활용하여 영어 또는 중국어 문장을 만드세요.

1) need + 명사구 + 과거분사

➡ ____________________

2) take + 시간

➡ ____________________

3) 要(조동사)

➡ ____________________

4) 得(조동사)

➡ ____________________

5) 会(조동사)

➡ ____________________

2. 빈칸에 알맞은 단어를 넣어 대화문을 완성하세요.

Staff Good morning sir? I'm Mr. Park. How can I (   ) you?
服务员 您好, 是客房部, 我姓朴。请问想办理什么业务?

Daniel I need a white shirt and my suit (   ). I also need a pair of pants (   ). When can I (   ) it up?
丹尼尔 我想干洗一套西服和一件衬衫, 还有请把一条裤子熨一下。什么时候能取?

Staff Normal cleaning service (   ) about 5 hours and (   ) cleaning service takes about one hour.
服务员 普通服务一般(   )五个小时左右, 加快服务(   )一个小时。

Daniel I have to be (   ) in one hour and a half. So I'll use express service.
丹尼尔 1个半(   )以后我(   )出去, 就要加快洗衣服务。

Staff I'll (   ) it to you in one hour.
服务员 我们会在一个小时后, (   )送回您的房间。

Daniel How may I (   )?
丹尼尔 什么时候(   )呢?

(   ) you check out, you can pay. I'll (   ) you the staff, so please fill (   ) the request form and put your clothes in the basket and (   ) it (   ) of your room door.
服务员 (   )退房时候一起结算。我马上派人到你的房间(   )洗衣物。(   )您在洗衣单上填写一下, (   )把洗衣物和洗衣单放在衣袋里, (   )把衣袋放到您的房间门外就行。

Daniel Yes, thanks.
丹尼尔 好, 谢谢。

3. 세탁 서비스실에서 고객의 문의에 답변하는 상황에 대해 영어 또는 중국어로 대화를 만들고 연습해 보세요.

UNIT 06

오퍼레이터 서비스 1

핵심 구문 익히기 ▸

• **아래 한국어를 영어 또는 중국어로 써보세요.**

1. 수영장과 스파를 이용하고 싶은데요.

1) 영　어 ____________________

2) 중국어 ____________________

2. 영업시간이 어떻게 되나요?

1) 영　어 ____________________

2) 중국어 ____________________

3. 스파는 세 가지 프로그램이 있는데, 프로그램마다 요금이 다릅니다.

1) 영　어 ____________________

2) 중국어 ____________________

4. 숙박고객에게는 20% 할인혜택이 있습니다.

1) 영　어 ____________________

2) 중국어 ____________________

5. 오늘 저녁 예약은 마감되었고, 내일은 이용 가능하십니다.

1) 영　어 ____________________

2) 중국어 ____________________

회화 ▸ 호텔시설 이용 문의에 대한 응대

Operator Good afternoon, sir. How may I help you?
酒店总机员 您好! 我能为您做什么吗?
nín hǎo! wǒ néng wèi nín zuò shénme ma?

Jimi I'd like to use the swimming pool and spa. What are the hours of operation?
智美 我要使用酒店里的游泳池和水疗中心, 开放时间是几点到几点?
wǒ yào shǐyòng jiǔdiànli de yóuyǒngchí hé shuǐliáo zhōngxīn, kāifàng shíjiān shì jǐ diǎn dào jǐ diǎn?

Operator The swimming pool is available from 6 am to 10 pm, and the spa is available from 10 am to 10 pm.
酒店总机员 游泳池每日上午6点到晚上10点开放, 水疗中心的营业时间为每日上午10点到晚上10点。
yóuyǒngchí měirì shàngwǔ liù diǎn dào wǎnshang shí diǎn kāifàng, shuǐliáo zhōngxīn de yíngyè shíjiān wéi měirì shàngwǔ shí diǎn dào wǎnshang shí diǎn.

Jimi What's the cost?
智美 一个人多少钱?
yí ge rén duōshao qián?

Operator The swimming pool is free and the spa has 3 types of programs which have different prices.
酒店总机员 住客可以免费使用酒店游泳池。水疗护理分为3个类型, 价钱都不一样。
zhùkè kěyǐ miǎnfèi shǐyòng jiǔdiàn yóuyǒngchí. shuǐliáo hùlǐ fènwéi sān ge lèixíng, jiàqián dōu bù yíyàng.

Jimi What types of programs are there?
智美 水疗护理有什么类型?
shuǐliáo hùlǐ yǒu shénme lèixíng?

Operator There are Scalp Aroma Therapy, Scalp&Body Aroma Therapy, and Spa&Body Therapy. Guests get a 20% discount.

酒店总机员 有头发芳香疗法、头发及全身芳香疗法，还有温泉及全身水疗护理疗法。住宿顾客有20%的优惠。

yǒu tóufā fāngxiāng liáofǎ, tóufā jí quánshēn fāngxiāng liáofǎ, háiyǒu wēnquán jí quánshēn shuǐliáo hùlǐ liáofǎ. zhùsù gùkè yǒu bǎifēnzhī èrshí de yōuhuì.

Jimi What's the price of the Spa&Body Therapy?

智美 温泉及全身水疗护理疗法是一个人多少钱?

wēnquán jí quánshēn shuǐliáo hùlǐ liáofǎ shì yí ge rén duōshao qián?

Operator The price of the Spa&Body Therapy is ₩298,000. The 20% discount is already included in this price. The service time is 120 minutes.

酒店总机员 打8折后价格为韩币298,000元，而护理时间是2个小时。

dǎ bā zhé hou jiàgé wéi hánbì èrshí jiǔ wàn bā qiān yuán, ér hùlǐ shíjiān shì liǎng ge xiǎoshí.

Jimi May I make a spa reservation tonight?

智美 可以预订今晚的吗?

kěyǐ yùdìng jīnwǎn de ma?

Operator I'm afraid the spa is all booked tonight. Tomorrow it's available.

酒店总机员 不好意思，今晚的已订满了，现在能订明天的。

bùhǎoyìsī, jīnwǎn de yǐ dìng mǎn le, xiànzài néng dìng míngtiān de.

Jimi Then make a reservation for me for tomorrow at 8 pm. Do you rent swimming accessories?

智美 那请帮我预订明天晚上8点的吧。顺便问一下，你们这里可以出租泳衣吗?

nà qǐng bāng wǒ yùdìng míngtiān wǎnshang bā diǎn de ba. shùnbiàn wèn yíxià, nǐmen zhèli kěyǐ chūzū yǒngyī ma?

Operator We don't rent them. You can buy them.

酒店总机员 我们不可以租泳衣，就得买。

wǒmen bù kěyǐ zū yǒngyī, jiù děi mǎi.

Jimi	OK, I see. Thanks.
智美	好，知道了，谢谢。 hǎo, zhīdào le, xièxie.

새단어

ENGLISH

hours of operation _ 영업시간

available _ 이용 가능한

guest _ 손님, 투숙객

include _ 포함하다

book _ 예약하다

swimming pool _ 수영장

汉 语

游泳池 _ yóuyǒngchí _ 명 수영장

水疗中心 _ shuǐliáo zhōngxīn _ 스파

开放 _ kāifàng _ 동 개방하다

水疗护理 _ shuǐliáo hùlǐ _ 스파 케어

营业 _ yíngyè _ 명 동 영업(하다)

住客 _ zhùkè _ 명 투숙객

免费 _ miǎnfèi _ 동 무료로 하다

使用 _ shǐyòng _ 동 사용하다

分为 _ fēnwéi _ 동 ~로 나누어지다

类型 _ lèixíng _ 명 유형

价钱 _ jiàqian _ 명 값, 가격

芳香疗法 _ fāngxiāngliáofǎ _ 아로마 테라피

温泉 _ wēnquán _ 명 온천

顾客 _ gùkè _ 명 고객

优惠 _ yōuhuì _ 형 특혜의, 우대의

顺便 _ shùnbiàn _ 부 ~하는 김에

문법 & 어휘 익히기 ▸

1. get a 20% discount: 20% 할인혜택을 받다.

Guests *get a 20% discount*.
숙박고객에게는 20% 할인혜택이 있습니다.

'get a 20% discount'는 '20% 할인혜택을 받다.'라는 의미로 'get a ~discount'의 형태로 사용할 수 있다. 그리고 get 대신에 receive로 discount 대신에 off로 바꾸어 쓸 수 있다.

(1) You get a 15% discount if you use your membership card.
(회원카드를 사용하시면 15% 할인혜택을 받을 수 있습니다.)

(2) When you check out early, you will receive a 10% off your next stay at our hotel. (일찍 체크아웃하시면 다음번 호텔에 머무실 때 10% 할인혜택을 받을 수 있습니다.)

2. be + included: ~이 포함되다.

The 20% discount *is* already *included* in this price.
20% 할인이 이미 포함된 가격입니다.

'be + included' 구문은 '~이 포함되다.'라는 의미로 부정의 표현을 나타내고 싶을 때는 not을 included 앞에 넣어 사용할 수 있다.

(1) Your dry cleaning fee is not included in this price.
(드라이클리닝 금액은 이 가격에 포함되어 있지 않습니다.)

(2) The service charge is already included in your bill.
(봉사료가 이미 계산서에 포함되어 있습니다.)

1. 할인 표현: '打折'

住宿顾客有<u>20%</u>的优惠，<u>**打8折**</u>后价格为韩币298,000元。
숙박고객은 20%의 할인혜택이 있으며, 할인 후 가격은 298,000원입니다.

중국어에서 퍼센트는 '百分之~'라고 읽으며, 윗문장의 20%는 '百分之二十'으로 읽는다. 그러나 '~퍼센트 할인혜택'이라는 표현에서는 '百分之~'를 쓰지 않고, 할인을 나타내는 동사 '打折' 사이에 10 미만의 정수를 넣어 이 숫자가 나타내는 할(割)의 가격으로 판다는 것을 표현한다. 예를 들어 위의 문장에서처럼 '打8折'로 표현한 것은 8할의 가격 즉 80%의 가격으로 판다는 의미이므로 '20% 할인되다.'라는 의미이다. 소수를 넣어 표현하는 경우엔 '点'을 빼고 읽거나 말한다.

(1) 请问，这里的化妆品可以<u>**打几折**</u>?

(2) 在网上订房间的话，可以<u>**打8.5折**</u>。

2. 부사: '顺便'

<u>**顺便**</u>问一下，你们这里可以出租泳衣吗?
물어보는 김에 하나 더 물어볼게요, 여기 수영복 대여되나요?

'顺便'은 '~하는 김에'라는 의미의 부사로 '顺便'의 앞부분에 나오는 그 일을 하는 김에 '顺便' 뒤에 나오는 일도 한다는 형태로 쓴다.

(1) 我从那里经过，<u>**顺便**</u>去看看他们。

(2) 你去总服务台，<u>**顺便**</u>买回来一个牛奶吧。

연습문제 ▸

1. 단어 혹은 구문 활용하여 영어 또는 중국어 문장을 만드세요.

1) get a ~ discount

➡ ____________________

2) be + included

➡ ____________________

3) 分为

➡ ____________________

4) 顺便

➡ ____________________

5) 打折

➡ ____________________

2. 빈칸에 알맞은 단어를 넣어 대화문을 완성하세요.

Jimi	I'd like to use the spa. What are the hours of ( )?
智美	我要( )酒店里的游泳池和水疗中心, ( )时间是几点到几点?
Operator	The spa is ( ) from 10 am to 10 pm.
酒店总机员	水疗中心的营业时间( )每日上午10点到晚上10点。
Jimi	What's the cost?
智美	一个人多少钱?
Operator	The spa has 3 ( ) of programs which have ( ) prices.
酒店总机员	水疗护理( )3个类型, 价钱都不( )。
Jimi	What types of programs are ( )?
智美	水疗护理有什么( )?
Operator	There are Scalp Aroma Therapy, Scalp&Body Aroma Therapy, and Spa&Body Therapy. Guests ( ) a 20% discount.
酒店总机员	有头发芳香护理疗法、头发及全身芳香护理疗法、还有温泉及全身水疗护理疗法。住宿顾客有20%的( )。
Jimi	What's the ( ) of the Spa&Body Therapy?
智美	温泉及全身水疗护理疗法是一个人多少钱?
Operator	The service time is 120 minutes. The price of the Spa&Body Therapy is ₩298,000. The 20% discount is already ( ) in this price.
酒店总机员	打8折后价格( )韩币298,000元, 而护理时间是2个( )。
Jimi	May I ( ) a spa reservation tonight?
智美	( )预订今天晚上的吗?
Operator	I'm afraid the spa is all ( ) tonight. Tomorrow it's available.
酒店总机员	现在已经订( )了, 明天可以。
Jimi	OK. I see. Thanks.
智美	好, 知道了, 谢谢。

3. 호텔시설 이용에 대해 문의하는 고객에게 답변하는 상황을 영어 또는 중국어로 대화를 만들고 연습해 보세요.

UNIT 07

오퍼레이터 서비스 2

핵심 구문 익히기 ▸

• **아래 한국어를 영어 또는 중국어로 써보세요.**

1. 모닝콜 서비스를 이용하고 싶은데요.

1) 영　어 ______________________________

2) 중국어 ______________________________

2. 몇 시에 깨워드릴까요?

1) 영　어 ______________________________

2) 중국어 ______________________________

3. 만약 받지 않는다면 다시 전화주시기 바랍니다.

1) 영　어 ______________________________

2) 중국어 ______________________________

4. 일기예보에 따르면 오늘 날씨는 화창할 것이라고 합니다.

1) 영　어 ______________________________

2) 중국어 ______________________________

5. 현재 온도는 13도이고 낮 최고기온은 24도가 될 것이라고 합니다.

1) 영　어 ______________________________

2) 중국어 ______________________________

회화 ▸ 모닝콜 서비스

Operator Hello, this is the front desk speaking. My name is Kim Jeong Seok. How may I help you, Mr. Williams?

服务员 喂, 是总服务台。我是金正式。丹尼尔先生我能为您效劳吗?

wéi, shì zǒngfúwùtái. wǒ shì jīn zhèng shì. dānníěr xiānsheng wǒ néng wèi nín xiàoláo ma?

Daniel I'd like to request a wake-up call.

丹尼尔 你好! 我需要叫醒服务。

nǐ hǎo! wǒ xūyào jiàoxǐng fúwù.

Operator What time would you like your wake-up call?

服务员 需要几点叫醒您?

xūyào jǐ diǎn jiàoxǐng nín?

Daniel Tomorrow morning at 6:30 am.

丹尼尔 我要明天早上6点半。

wǒ yào míngtiān zǎoshang liù diǎn bàn.

Operator OK, let me check the information again. Your room number is 608 for Daniel Williams, wake-up call will be at 6:30 am. Is that correct?

服务员 再确认一下。608号房间, 丹尼尔先生早上6点半要

zài quèrèn yíxià. liù líng bā hào fángjiān, dānníěr xiānsheng zǎoshang liù diǎn bàn yào

叫醒服务, 对吗?

jiàoxǐng fúwù, duì ma?

Daniel That's correct! If I don't take it, call me again, please.

丹尼尔 对。如果没人接的话, 再打电话给我吧。

duì. rúguǒ méi rén jiē dehuà, zài dǎ diànhuà gěi wǒ ba.

Operator Yes! I will.

服务员 好, 知道了。

hǎo, zhīdào le.

(Next morning / 明天早上)

Operator Did you have a good sleep Mr. Williams? This is your 6:30 am wake-up call.

服务员 早上好, 昨晚睡得好吗? 丹尼尔先生, 这是您的早上

zǎoshang hǎo, zuówǎn shuì de hǎo ma? dānníěr xiānsheng, zhè shì nín de zǎoshang

6点半的叫醒电话。

liù diǎn bàn de jiàoxǐng diànhuà.

According to the weather forecast, today will be a sunny day. Current temperature is 13℃ and the high for the day will be 24℃. Have a good day!

据天气预报说, 今天天气晴天暖和。现在气温为摄氏13度,

jù tiānqì yùbào shuō, jīntiān tiānqì qíngtiān nuǎnhuo. xiànzài qìwēn wéi shèshì shísān dù,

中午最高气温为摄氏24度。希望你过愉快的一天!

zhōngwǔ zuì gāo qìwēn wéi shèshì èrshísì dù. xīwàng nǐ guò yúkuài de yìtiān!

새단어

ENGLISH

- wake-up call _ 모닝콜
- According to _ ~에 따르면
- current temperature _ 현재 온도
- request _ 요청하다

汉 语

- 叫醒服务 _ jiàoxǐngfúwù _ 모닝콜 서비스
- 据 _ jù _ 개 ~에 따르면, ~에 근거하여
- 天气预报 _ tiānqìyùbào _ 명 일기예보
- 晴天 _ qíngtiān _ 명 맑은 날씨
- 暖和 _ nuǎnhuo _ 형 동 따뜻하다, 데우다
- 气温 _ qìwēn _ 명 기온
- 摄氏 _ shèshì _ 명 섭씨
- 度 _ dù _ 양 도(온도의 단위)
- 愉快 _ yúkuài _ 형 즐겁다, 유쾌하다

문법 & 어휘 익히기 ▸

1. 의문사(구) + would you like + 명사구: ~에 ~를 해드릴까요?

What time *would you like* your wake-up call?
몇 시에 모닝콜을 해드릴까요?

'의문사(구) + would you like + 명사구'는 '~에 ~를 해드릴까요?'라는 의미를 나타내며, 상대방의 의향을 묻는 공손한 표현이다.

(1) Where would you like your dry-cleaning delivered?
(드라이클리닝한 옷을 어디로 배달해 드릴까요?)

(2) What time would you like shuttle bus to pick you up?
(몇 시에 셔틀버스로 모시러 갈까요?)

2. According to + 명사구: ~에 따르면

According to the weather forecast, today will be a sunny day.
일기예보에 따르면 오늘 날씨는 화창할 것이라고 합니다.

'According to + 명사구' 구문은 '~에 따르면'이라는 의미를 나타내며, 출처를 밝힐 때 사용하는 표현이다.

(1) According to the Seoul Newspaper, the G&G hotel is the best in town for 10 years consecutive. (서울신문에 따르면 G&G 호텔이 이 도시에서 10년 연속 최고의 호텔이라고 합니다.)

(2) The G&G hotel has the best service in town according to its customer latest reviews. (최근 고객의 리뷰에 의하면 G&G 호텔이 이 도시에서 최고의 서비스를 제공한다고 합니다.)

1. 정도보어

昨晚睡得好吗?
안녕히 주무셨나요?

동작이나 상태가 도달한 정도를 평가, 설명, 묘사할 때 동사나 형용사 뒤에 정도보어를 쓰며, 형태는 '동사/형용사 + 得 + 정도보어(형용사)'이다. 정도보어를 갖는 동사 뒤에 목적어가 있으면 동사를 반복시킨 후 보어를 붙인다. 이때 첫 번째 동사는 생략해도 된다. 부정문의 경우 '不'를 정도보어의 앞에 쓰며, 정도부사가 없으면 대비나 비교의 뜻이 된다.

(1) 那个女服务员(说)英语说**得**很流利。

의문문은 위의 예문에서처럼 문장 끝에 '吗'를 쓰거나, 정도보어 위치에 '怎么样'을 쓰거나, 긍정형과 부정형의 정도보어를 병렬시키면 된다. 대답은 아래 예문에서처럼 정도보어를 사용하거나 비교의 형태로 쓰면 된다.

(2) A: 你睡**得**怎么样? / 你睡**得**好不好?
B: 我睡**得**很好。/ 从没睡过比这更好的一晚了。

2. 동사: '据说'

据天气预报说, 今天天气晴天暖和。
일기예보에 따르면 오늘 날씨는 화창할 것이라고 합니다.

'据说'는 동사로 '말하는 바에 의하면/듣건데 ~라 한다.'는 의미로 사용된다. 형태는 '据说' 그대로 쓰거나 위의 문장처럼 '据 + 대상 + 说'의 형태로 쓰이기도 한다. 유의어로 '听说'가 있다.

(1) **据**我的一位朋友**说**, 他住的那个酒店是评价五星级以上的。

(2) **据说**这是2016年被评为最好的酒店。

评价 [píngjià] 평가하다
评为 [píngwéi] ~으로 선정하다

연습문제 ▸

1. 단어 혹은 구문 활용하여 영어 또는 중국어 문장을 만드세요.

1) According to ~

➡ ______________________________

2) the high for the day ~

➡ ______________________________

3) 一下

➡ ______________________________

4) 据 ~ 说

➡ ______________________________

5) 得(정도보어)

➡ ______________________________

2. 빈칸에 알맞은 단어를 넣어 대화문을 완성하세요.

Daniel	I'd like to ( ) a wake up call.
丹尼尔	你好! 我( )叫醒服务。
Operator	What time ( ) you like your wake up call?
服务员	几点( )您?
Daniel	Tomorrow morning at 6:30 am. If I don't ( ) it, call me again, please.
丹尼尔	我( )明天早上6点半。 对。( )没人接( ), ( )打电话给我吧。

(Next morning / 明天早上)

Operator	Did you have a ( ) sleep Mr. William? This is your 6: 30 am wake up call. According ( ) the weather forecast, today will be a sunny day. ( ) temperature is 13℃ and the high for the day will be 24℃. Have a good day!
服务员	早上好, 昨晚睡( )好吗? 丹尼尔先生, 昨天您( )6点半的叫醒服务, 现在叫醒您。 ( )天气预报( ), 今天天气晴天暖和。现在气温( )摄氏13度, 中午最高气温( )摄氏24度。希望你过愉快的一天!

3. 고객의 모닝콜 요청에 대한 응대 상황을 영어 또는 중국어로 대화를 만들고 연습해 보세요.

UNIT 08

컨시어지 서비스 1

핵심 구문 익히기 ▸

• 아래 한국어를 영어 또는 중국어로 써보세요.

1. 경복궁(Gyeongbokgung, 景福宫)에 가고 싶은데, 어떻게 가죠?

1) 영　어 ______________________

2) 중국어 ______________________

2. 택시를 이용하면 15분이면 도착하실 수 있습니다.

1) 영　어 ______________________

2) 중국어 ______________________

3. 지금은 차가 많이 막히는 시간입니다.

1) 영　어 ______________________

2) 중국어 ______________________

4. 우선 4호선을 타시고 충무로역에서 3호선으로 갈아타세요.

1) 영　어 ______________________

2) 중국어 ______________________

5. 5번 출구로 나가셔서 좌회전하신 후 쭉 가시다가 첫 번째 블록에서 우회전하세요.

1) 영　어 ______________________

2) 중국어 ______________________

회화 ▸ 관광지 가는 방법 문의에 대한 응대

Daniel　I want to go sightseeing in Gyeongbokgung. How can I get there?

丹尼尔　我想去景福宫，怎么走？

wǒ xiǎng qù jǐngfúgōng, zěnme zǒu?

Concierge　You can use subway, city bus or taxi.

礼宾员　坐地铁、公共汽车或打车都可以到。

zuò dìtiě, gōnggòng qìchē huò dǎchē dōu kěyǐ dào.

It is not far away to get there. If you use taxi, it will only take 15 minutes. but this time of day is heavy traffic, so I'd recommend the subway because it's faster.

景福宫离这儿不太远，坐打车的话，大概15分钟就到达，

jǐngfúgōng lí zhèr bútài yuǎn, zuò dǎchē dehuà, dàgài shíwǔ fēnzhōng jiù dàodá,

可是现在高峰时间，坐地铁比较好。

kěshì xiànzài gāofēng shíjiān, zuò dìtiě bǐjiào hǎo.

Daniel　Which subway line do I have to take?

丹尼尔　坐几号线？

zuò jǐ hào xiàn?

Concierge　First, please take line number 4, which is the blue line, and transfer to line number 3 at the Chungmuro station, which is the orange line, and after the 4th stops, get off at the Gyeongbokgung station, and then exit at exit number 5 and turn left, then go straight to the first block and turn right. You can't miss it.

礼宾员　先坐4号线，到忠武路站换乘开往大化方向的3号线，

xiān zuò sì hàoxiàn, dào zhōngwǔlù zhàn huànchéng kāiwǎng dàhuà fāngxiàngde sān hàoxiàn,

坐四站就到景福宫站。下车后，5号出口出来往左拐，

zuò sì zhàn jiù dào jǐngfúgōng zhàn. xiàchē hòu, wǔ hào chūkǒu chūlai wǎng zuǒ guǎi,

然后沿那个路一直往前走，到第一个十字路口向右拐就是。

ránhòu yán nà ge lù yìzhí wǎng qián zǒu, dào dì yí ge shízìlùkǒu xiàng yòu guǎi jiù shì.

Daniel How long does it take from the subway station?

丹尼尔 离景福宫站要多远?

lí jǐngfúgōng zhàn yào duōyuǎn?

Concierge It's about a 5 minute walk.

礼宾员 走5分钟就可以到。

zǒu wǔ fēnzhōng jiù kěyǐ dào.

Daniel May I ask another question, please? Could you recommend me a gourmet restaurant around Gyeongbokgung?

丹尼尔 那还有一个问, 您能给我推荐景福宫站附近有什么

nà háiyǒu yí ge wèn, nín néng gěi wǒ tuījiàn jǐngfúgōng zhàn fùjìn yǒu shénme

值得去尝尝的美味餐厅吗?

zhídé qù chángcháng de měiwèi cāntīng ma?

Concierge May I recommend a healing restaurant you would like, which is located one more station from Gyeongbokgung by subway. The place has the best hand-made Tofu stew.

礼宾员 我要给你推荐一家健康餐厅, 你肯定会满意的。

wǒ yào gěi nǐ tuījiàn yí jiā jiànkāng cāntīng, nǐ kěndìng huì mǎnyì de.

那家从景福宫站坐一站就可以到。那家的手工豆腐火锅

nà jiā cóng jǐngfúgōng zhàn zuò yí zhàn jiù kěyǐ dào. nà jiā de shǒugōng dòufǔ huǒguō

是特别有风味的。

shì tèbié yǒu fēngwèi de.

Daniel How's the hand-made Tofu stew?

丹尼尔 手工豆腐火锅是什么菜?

shǒugōng dòufǔ huǒguō shì shénme cài?

Concierge It's made from hand-made Tofu by grinding local Korean beans with a lot of chopped mushrooms.

礼宾员 是锅里放入用韩国产的豆子自做的豆腐和各种蘑菇做的。

shì guōli fàngrù yòng hánguóchǎn de dòuzi zìzuò de dòufǔ hé gèzhǒng mógū zuò de.

Daniel Thanks a lot. My friend that I will meet will like it very much.

丹尼尔 太感谢你。今天要见一个朋友, 他也一定会喜欢那个菜。

tài gǎnxiè nǐ. jīntiān yào jiàn yí ge péngyǒu, tā yě yídìng huì xǐhuan nà ge cài.

Concierge 礼宾员	Enjoy your trip. 祝您旅途愉快。 zhù nín lǚtú yúkuài.

새단어

ENGLISH

sightseeing _ 관광
transfer _ 갈아타다
get off _ (~에서) 내리다
exit _ (밖으로) 나가다
hand-made _ 수제의
Tofu _ 두부
local Korean bean _ 국내산 콩
gourmet restaurant _ 맛집

汉 语

景福宫 _ jǐngfúgōng _ 고유 경복궁
推荐 _ tuījiàn _ 동 추천하다
附近 _ fùjìn _ 형 명 가까운 부근
手工豆腐火锅 _ shǒugōngdòufuhuǒguō _ 손두부 전골
蘑菇 _ mógu _ 명 버섯
旅途 _ lǚtú _ 명 여정, 여행 중
肯定 _ kěndìng _ 부 확실히
满意 _ mǎnyì _ 형 만족하다
值得 _ zhídé _ 동 ~할 가치가 있다
风味 _ fēngwèi _ 명 맛, 풍미
美味 _ měiwèi _ 명 맛있는 음식
健康 _ jiànkāng _ 명 형 건강, 건강하다

문법 & 어휘 익히기 ▸

1. Take + 명사구 + and, transfer to + 명사구 + at + 장소: ~를 타시고 ~에서 ~으로 갈아타세요.

Take line number 4, which is the blue line,
and transfer to line number 3 *at* the Chungmuro station.
4호선 블루 라인을 타시고 충무로역에서 3호선으로 갈아타세요.

'Take + 명사구 + and transfer to + 명사구 + at + 장소' 구문은 '~를 타시고 ~에서 ~으로 갈아타세요.'라는 의미로 지하철 타는 방법을 설명할 때 유용한 표현이다.

(1) Take line number 2 and transfer to line number 1 at the Seomyeon station. (2호선을 타시고 서면역에서 1호선으로 갈아타세요.)

(2) Take line number 1 at the Namsan station and transfer to line number 3 at the Yeonsan station. (남산역에서 1호선을 타시고 연산역에서 3호선으로 갈아타세요.)

2. Get off at + 장소, and then exit at + 명사구: ~에서 내리시고 그런 후에 ~로 나가세요.

Get off at the Gyeongbokgung station,
and then exit at exit number 5.
경복궁역에서 내리시고 그런 후에 5번 출구로 나가세요.

'Get off at + 장소, and then exit at + 명사구' 구문은 '~에서 내리시고 그런 후에 ~로 나가세요.'라는 의미로 이 표현 역시 지하철 타는 방법을 설명할 때 유용한 표현이다.

(1) Get off at the Yeonsan station and then exit at exit number 2. (연산역에서 내리시고 그런 후에 2번 출구로 나오세요.)

(2) Get off at the Namsan station and then exit at ext number 1 or 2. (남산역에서 내리시고 그런 후에 1번이나 2번 출구로 나오세요.)

1. 多를 사용한 의문사

> **离景福宫站要<u>多远</u>?**
> 지하철역에서 얼마나 걸리죠?

'多'는 단음절 형용사와 결합하여 의문사를 만들 수 있다. '多 + 형용사'는 문장의 술어로 사용할 수 있으며, 또 '有 + 多 + 형용사'의 형태로 쓰기도 한다.

이때 의문사는 예를 들어 '多大', '多高', '多重', '多长', '多远', '多贵', '多少' 등과 같이 나이, 크기, 높이처럼 수치화하여 대답할 수 있는 것이어야 한다. 또한 형용사는 일반적으로 특정한 기준점보다 위의 의미를 가진 것을 사용하지만 '多少'의 경우만 '多'를 사용하여 반복하게 되는 것을 피하기 위해 기준점보다 아래 의미를 가진 형용사를 사용한다.

(1) 从北京到首尔坐飞机有**<u>多远</u>**?

(2) 那家饭店的游泳池的面积有**<u>多宽</u>**啊?

2. 동사: '值得'

> **您能给我推荐景福宫站附近有什么<u>值得</u>去尝尝的美味餐厅吗?**
> 경복궁 근처에 괜찮은 맛집을 소개해 줄 수 있나요?

'值得'는 '~할 만한 가치가 있다.'라는 의미로 '值得' 뒤에는 동사만 오며, '值得 + (一) + 단음절 동사', '值得 + 단음절 동사의 중첩', '值得 + 쌍음절 동사' 형식으로 쓰인다.

(1) **<u>值得</u>**注意的是, 同期国内游客的热度却并不国外那么高。

(2) 万里长城**<u>值得</u>**(一)去。

注意 [zhùyì] 주의해서 관찰하다, 주목하다
同期 [tóngqī] 같은 시기
消费 [xiāofèi] 소비하다
热度 [rèdù] 열정, 붐

연습문제 ▸

1. 단어 혹은 구문 활용하여 영어 또는 중국어 문장을 만드세요.

1) Take + 명사구 + and, transfer to + 명사구 + at + 장소

➡ ______________________________

2) Get off at + 장소, and then exit at + 명사구

➡ ______________________________

3) 离

➡ ______________________________

4) 多 ~ (의문문)

➡ ______________________________

5) 值得

➡ ______________________________

2. 빈칸에 알맞은 단어를 넣어 대화문을 완성하세요.

Daniel I want to go ( ) in Gyeongbokgung. How can I ( ) there?
丹尼尔 我想去景福宫, ( )走?

Concierge You can use subway, city bus or taxi.
It is not ( ) away to get there, if you use taxi, it will only ( ) 15 minutes. but this time of ( ) is heavy traffic, so I'd recommend the subway because its faster.
礼宾员 坐地铁、公共汽车或打的都可以到。
景福宫( )这儿不太远, 坐打的的话, ( )15分钟就到达, 可是现在高峰时间, 坐地铁( )好。

Daniel ( ) subway line do I ( ) to take?
丹尼尔 坐( )号线?

Concierge First, please ( ) line number 4, which is the blue line, and transfer ( ) line number 3 at the Chungmuro station, which is the orange line, and after the 4th stops, get ( ) at the Gyeongbokgung station, and then ( ) at exit number 5 and ( ) left, then go straight ( ) the first block and turn right. You can't miss it.
礼宾员 先( )4号线, 到忠武路站( )开往大化方向的3号线, 坐四站就( )景福宫站。下车后, 5号出口出来( )左拐, 然后沿那个路一直往前走, 到第一个十字路口向右拐就是。

Daniel How ( ) does it take ( ) the subway station?
丹尼尔 离景福宫站要( )?

Concierge It's about a 5 minute ( ).
礼宾员 走5分钟就可以到。

Daniel May I ask ( ) question please? Could you recommend ( ) a gourmet restaurant around Gyeongbokgung?
丹尼尔 那还有一个问, 您( )给我推荐景福宫站附近有什么值得去尝尝的美味餐厅吗?

Concierge May I recommend a healing restaurant you would like, which is ( ) one more station from Gyeongbokgung by subway. The place has the best hand-made Tofu stew.

礼宾员 我要给你( )一个有机餐厅，你肯定( )满意的。那家从景福宫站坐一站就可以到。那家的手工豆腐火锅是特别有风味的。

Daniel How's the hand-made Tofu stew?

丹尼尔 手工豆腐火锅是什么菜?

Concierge It's made ( ) hand-made Tofu by grinding ( ) Korean beans with a lot of chopped mushrooms.

礼宾员 把用韩国产的豆子自己做的豆腐和各种蘑菇( )锅里做的。

Daniel Thanks a lot.

丹尼尔 太感谢你。

3. 고객이 컨시어지에게 관광지를 찾아가는 방법을 묻는 상황에 대해 영어 또는 중국어로 대화를 만들고 연습해 보세요.

UNIT 09

컨시어지 서비스 2

핵심 구문 익히기 ▸

• **아래 한국어를 영어 또는 중국어로 써보세요.**

1. 난타 공연을 보고 싶은데 예약 도와주세요.

1) 영　어 ______________________

2) 중국어 ______________________

2. 5시와 8시 공연 중 어느 걸로 예약하시겠어요?

1) 영　어 ______________________

2) 중국어 ______________________

3. 좌석은 C열에 9번, 10번과 F열에 5번, 6번이 남아 있습니다.

1) 영　어 ______________________

2) 중국어 ______________________

4. 예매 티켓 수령은 공연 30분 전에 현장에서 받으시면 됩니다.

1) 영　어 ______________________

2) 중국어 ______________________

5. 예매 확인증을 지참하시면 받으실 수 있습니다.

1) 영　어 ______________________

2) 중국어 ______________________

회화 ▸ 공연티켓 예약

Concierge How may I assist you?
礼宾员 丹尼尔先生，我让您什么帮忙?
dānníěr xiānsheng, wǒ ràng nín shénme bāngmáng?

Daniel I want to see a Nanta performance tomorrow night.
Can you assist me in making a reservation?
丹尼尔 明晚我要看《乱打》表演，你能否帮我订两张票?
míngwǎn wǒ yào kàn《luàndǎ》biǎoyǎn, nǐ néngfǒu bāng wǒ dìng liǎng zhāng piào?

Concierge Sure! Hold on a minute, please.
礼宾员 当然可以，请稍等一会儿。
dāngrán kěyǐ, qǐng shāo děng yíhuìr.

There are three Nanta performance places in Seoul. The nearest place from here is Myeongdong which is the main place of Nanta. Would you like it?
首尔有三个《乱打》专用剧场，离这儿最近的就是明洞
shǒuěr yǒu sān ge《luàndǎ》zhuānyòng jùchǎng, lí zhèr zuìjìn de jiùshì míngdòng
《乱打》专用剧场，让您订这儿怎么样?
《luàndǎ》zhuānyòng jùchǎng, ràng nín dìng zhèr zěnmeyàng?

Daniel Good! What time is the performance?
丹尼尔 好啊！那几点有表演?
hǎo a! nà jǐ diǎn yǒu biǎoyǎn?

Concierge Tomorrow night performance is at 5 pm and 8 pm.
What time would be best for you?
礼宾员 明天晚上5点和8点有表演，您想要几点的?
míngtiān wǎnshang wǔ diǎn hé bā diǎn yǒu biǎoyǎn, nín xiǎng yào jǐ diǎn de?

Daniel 8 pm is good for me.
丹尼尔 那就给我订8点的吧。
nà jiù gěi wǒ dìng bā diǎn de ba.

Concierge There are 2 types of seats left, VIP and normal seats.
礼宾员 现在只剩下贵宾席和普通席A了，您要哪个座位?
xiànzài zhǐ shèngxià guìbīnxí hé pǔtōngxí A le, nín yào nǎ ge zuòwèi?

Daniel How much is the cost?
丹尼尔 价格如何?
jiàgé rúhé?

Concierge VIP is ₩60,000, and normal is ₩40,000.
礼宾员 贵宾席是韩币6万块钱, 还有普通席A是韩币4万块钱。
guìbīnxí shì hánbì liù wàn kuài qián, háiyǒu pǔtōngxí A shì hánbì sì wàn kuài qián.

Daniel Can you reserve 2 VIP seats for me?
丹尼尔 那给我预订两张贵宾席的吧。
nà gěi wǒ yùdìng liǎng zhāng guìbīnxí de ba.

Concierge Look at this monitor, please. Seat number 9 and 10 are available on row C and 5 and 6 are available on row F. Choose your seats.
礼宾员 请您先看看这边, 现在剩下的座位是C列9号和10号,
qǐng nín xiān kànkan zhèbiān, xiànzài shèngxià de zuòwèi shì C liè jiǔ hào hé shí hào,
还有F列的5号和6号, 您要哪个座位?
háiyǒu F liè de wǔ hào hé liù hào, nín yào nǎ ge zuòwèi?

Daniel Reserve these seats.
丹尼尔 那预订这个吧。
nà yùdìng zhè ge ba.

Concierge Seat number 9 and 10 on C row for tonight's 8 pm performance. Is that correct?
礼宾员 今晚8点C列9号和10号座位的, 对吗?
jīnwǎn bā diǎn C liè jiǔ hào hé shí hào zuòwèi de, duì ma?

Daniel Correct!
丹尼尔 对。
duì.

Concierge Will you pay now?
礼宾员 我帮您结帐。
wǒ bāng nín jiézhàng.

Daniel Here it is. How can I get the reservation ticket?
丹尼尔 给你。订票怎么领取呢?
gěi nǐ. dìngpiào zěnme lǐngqǔ ne?

Concierge	You can pick the tickets up 30 minutes before at the spot. We will provide you a confirmation receipt.
礼宾员	在网上购票，就可以在演出当天前30分钟到现场 zài wǎngshàng gòupiào, jiù kěyǐ zài yǎnchū dāngtiān qián sānshí fènzhōng dào xiànchǎng 窗口自取。取票的时候一定携带这个预订凭证。 chuāngkǒu zìqǔ. qǔpiào deshíhòu yídìng xiédài zhè ge yùdìng píngzhèng.

새단어

ENGLISH

assist _ 도와주다
performance _ 공연
normal seat _ 일반석
row _ 열, 줄
confirmation receipt _ 확인증
provide _ 제공하다

汉 语

乱打 _ luàndǎ _ 고유 난타
专用 _ zhuānyòng _ 명 동 전용(하다)
首尔 _ Shǒu'ěr _ 고유 서울
贵宾席 _ guìbīnxí _ 명 귀빈석
座位 _ zuòwèi _ 명 좌석
列 _ liè _ 동 양 배열하다, 열
网上 _ wǎngshàng _ 명 인터넷
现场 _ xiànchǎng _ 명 현장
自取 _ zìqǔ _ 동 직접 찾다
凭证 _ píngzhèng _ 명 증빙
订票 _ dìngpiào _ 동 표를 예매하다
表演 _ biǎoyǎn _ 동 공연하다
专用剧场 _ zhuānyòngjùchǎng _ 전용극장
明洞 _ míngdòng _ 고유 명동
普通席 _ pǔtōngxí _ 명 일반석
如何 _ rúhé _ 대 어떠한가
领取 _ lǐngqǔ _ 동 (발급한 것을) 받다
演出 _ yǎnchū _ 명 동 공연(하다)
窗口 _ chuāngkǒu _ 명 (매표소 · 접수대의) 창구
携带 _ xiédài _ 동 휴대하다
结帐 _ jiézhàng _ 동 결제하다

문법 & 어휘 익히기 ▸

1. 의문사(구) + would be best for you?: ~가 가장 좋습니까?

> Tomorrow night performance is at 5 pm and 8 pm.
> What time *would be best for you*?
> 내일 저녁 난타 공연은 5시와 8시 공연이 있습니다.
> 어느 걸로 예약하시겠습니까?

'의문사(구) + would be best for you?' 구문은 '~가 가장 좋습니까?'라는 의미로 의문사(구)를 다양하게 바꾸어 표현할 수 있다.

(1) Which seat would be best for you? (어느 좌석으로 하시겠습니까?)

(2) What room would be best for you? (어떤 객실로 하시겠습니까?)

2. 시간 + before: ~시간 전에

> You can pick the tickets up 30 minutes *before* at the spot.
> 예매 티켓 수령은 공연 30분 전에 현장에서 받으시면 됩니다.

'시간 + before' 구문은 '~시간 전에'라는 표현으로 before 대신에 after를 쓰면 '~시간 후에'라는 의미가 된다.

(1) You can pick the tickets up 10 minutes before check in time at the front desk. (체크인 시간 10분 전에 프런트 데스크에서 티켓을 받으세요.)

(2) You can pick your dry cleaning up one hour before check-out time. (체크아웃 시간 1시간 전에 드라이클리닝 맡기신 옷을 찾으세요.)

1. 의문대명사: ‘怎么’

订票**<u>怎么</u>**领取呢?
예매한 표는 어떻게 받나요?

의문대명사 ‘怎么’는 ‘왜’, ‘어떻게’, ‘어째서’ 등의 뜻을 가지고 있으며, 동작이나 상황의 원인 · 방식 등을 물을 때 사용한다.

(1) 服务员, 刚才我们点的菜**<u>怎么</u>**还没来? (원인)

(2) 请问, 去明洞《乱打》专用剧场**<u>怎么</u>**走? (방식)

2. 조동사: ‘可以’

在网上购票, 就**<u>可以</u>**在演出当天前30分钟到现场窗口自取。
인터넷 예매 티켓 수령은 공연 30분 전에 현장에서 받으시면 됩니다.

조동사 ‘可以’는 위의 문장에서처럼 ‘~할 수 있다.(가능)’의 의미와 ‘~해도 좋다.(허가)’의 의미로 쓰인다. ‘可以’와 같이 쓸 수 있는 조동사로는 ‘能’이 있는데, 이때는 ‘~해도 좋다. (허가)’, ‘~일 것이다.(가능성)’의 의미로 쓰인 것이다. 그러나 금지의 경우에는 ‘不可以’만 가능하다.

(1) 我**<u>可以(能)</u>**坐在这儿吗? (허가)

(2) 服务员现在**<u>可以(能)</u>**来吗? (가능성)

(3) 这里是禁烟区, **<u>不可以</u>**吸烟。(금지)

연습문제 ▸

1. 단어 혹은 구문 활용하여 영어 또는 중국어 문장을 만드세요.

1) 의문사(구) + would be best for you?

➡ ______________________________

2) 시간 + before

➡ ______________________________

3) ~ is the cost?

➡ ______________________________

4) 怎么

➡ ______________________________

5) 可以(能과 같은 의미)

➡ ______________________________

2. 빈칸에 알맞은 단어를 넣어 대화문을 완성하세요.

Daniel	I want to see a Nanta performance tomorrow night. Can you assist ( ) in making a reservation?
丹尼尔	明天晚上我要看《乱打》( ), 你( )否帮我订两张票?
Concierge	Sure! Hold on a minute, please. The nearest place ( ) here is Myongdong ( ) is the main place of Nanta. Would you like it?

礼宾员	当然可以，请稍等一会儿。 明洞《乱打》专用剧场(　　)这儿最近。让您订这儿怎么样?
Daniel	Good! What (　　) is the performance?
丹尼尔	好啊! 那几点有(　　)?
Concierge	Tomorrow night performance is at 5 pm and 8 pm. What time would be (　　) for you?
礼宾员	明天晚上5点和8点有(　　), 您想要几点的?
Daniel	8 pm is good for me.
丹尼尔	那就给我订8点的吧。
Concierge	There are 2 types of seats (　　), VIP and normal seat.
礼宾员	现在只(　　)贵宾席和普通席A(　　), 您要哪个座位?
Daniel	How much is the (　　)?
丹尼尔	价格(　　)?
Concierge	VIP is ₩60,000, and (　　) is ₩40,000.
礼宾员	(　　)是韩币60,000块钱, 还有(　　)A是韩币40,000块钱。
Daniel	Can you reserve 2 VIP seats for me?
丹尼尔	那给我预订两张(　　)的吧。
Concierge	Seat number 9 and 10 are available (　　) row C and 5 and 6 are available (　　) row F. Choose your seats.
礼宾员	现在(　　)的(　　)是C列9号和10号, 还有F列的5号和6号。
Daniel	Reserve these seats.
丹尼尔	那预订这个吧。

3. 고객이 컨시어지에게 공연티켓 예매를 부탁하는 상황에 대해 영어 또는 중국어로 대화를 만들고 연습해 보세요.

UNIT 10

프런트 데스크 캐셔 서비스 1

핵심 구문 익히기 ▸

• **아래 한국어를 영어 또는 중국어로 써보세요.**

1. 달러나 인민폐는 환전 가능합니다.

1) 영　어 ______________________

2) 중국어 ______________________

2. 여권을 보여주십시오.

1) 영　어 ______________________

2) 중국어 ______________________

3. 달러당 1,170원입니다.

1) 영　어 ______________________

2) 중국어 ______________________

4. 234,000원입니다. 한번 확인해 보세요.

1) 영　어 ______________________

2) 중국어 ______________________

5. 환전하시려면 근처 외환은행을 이용하세요.

1) 영　어 ______________________

2) 중국어 ______________________

회화 ▸ 환전업무

Daniel Excuse me, Can I exchange some money?
丹尼尔 请问这里办理外币兑换业务吗?
qǐngwèn zhèli bànlǐ wàibì duìhuàn yèwù ma?

Front cashier Yes, dollar and yuan are available to exchange.
前厅收银员 办理的，把美元和人民币可以换成韩币。
bànlǐ de, bǎ měiyuán hé rénmínbì kěyǐ huànchéng hánbì.

Daniel I need to change the dollars.
丹尼尔 我要把美元换成韩币。
wǒ yào bǎ měiyuán huànchéng hánbì.

Front cashier May I have your passport?
前厅收银员 请把您的护照拿出来看看。
qǐng bǎ nín de hùzhào ná chūlai kànkan.

Daniel Here it is.
丹尼尔 给您。
gěi nín.

Front cashier How much do you need to exchange?
前厅收银员 您要换多少?
nín yào huàn duōshao?

Daniel How's the exchange rate today?
丹尼尔 今天的汇率是多少?
jīntiān de huìlǜ shì duōshao?

Front cashier The exchange rate is higher today than yesterday, so today's exchange rate is ₩1,170.
前厅收银员 今天的汇率比昨天要高，今天的汇率是1美元换1,170元韩币。
jīntiān de huìlǜ bǐ zuótiān yào gāo, jīntiān de huìlǜ shì yì měiyuán huàn yìqián yìbǎi qīshí yuán hánbì.

Daniel
丹尼尔

Then I would like to exchange 200 dollars.
那我要换200美元。
nà wǒ yào huàn liǎng bǎi měiyuán.

Front cashier
前厅收银员

Please sign on this exchange form with passport number and the money that you want to exchange.
把200美元换成234,000元。请您签名一下这张
bǎ liǎng bǎi měiyuán huànchéng èrshísānwàn sìqián yuán. qǐng nín qiānmíng yíxià zhè zhāng
兑换单，并写上您的护照号码和要换的钱数。
duìhuàndān, bìng xiěshang nín de hùzhào hàomǎ hé yào huàn de qiánshù.

Daniel
丹尼尔

I'm done. Here you go.
写好了，给您。
xiě hǎo le, gěi nín.

Front cashier
前厅收银员

Hold please. Here is ₩234,000, Check it, please.
请等一会儿，这是您换的韩币234,000块钱，请数一数。
qǐng děng yíhuìr, zhè shì nín huàn de hánbì èrshísānwàn sìqián kuài qián, qǐng shǔ yì shǔ.

Daniel
丹尼尔

Correct! Thank you. Let me ask one more thing. Maybe, can I change my Korean won into dollars again?
对，没错。我有一个问，是不是可以把韩币换成美元?
duì, méi cuò. wǒ yǒu yí ge wèn, shìbúshì kěyǐ bǎ hánbì huànchéng měiyuán?

Front cashier
前厅收银员

Sorry, we don't provide that service, but I'll be happy to show you to the nearest foreign exchange bank or airport that can help you. Can I print out a map for you to the nearest bank?
对不起，我们不办。您要换美元的话，去附近的外换银行
duìbuqǐ, wǒmen bú bàn, nín yào huàn měiyuán dehuà, qù fùjìn de wàihuàn yínháng
或者去机场里的外换银行就可以。
huòzhě qù jīchǎngli de wàihuàn yínháng jiù kěyǐ.

Daniel
丹尼尔

Thank you.
谢谢你。
xièxie nǐ.

새단어

ENGLISH

exchange money _ 환전하다

exchange rate _ 환율

foreign exchange bank _ 외환은행

yuan _ 중국의 통화단위

汉 语

兑换 _ duìhuàn _ 동 환전하다

签名 _ qiānmíng _ 동 서명하다

钱数 _ qiánshù _ 명 액수, 금액

外换银行 _ wàihuànyínháng _ 외환은행

兑换单 _ duìhuàndān _ 환전표

换成 _ huànchéng _ 동 ~로 바꾸다

护照 _ hùzhào _ 명 여권

汇率 _ huìlǜ _ 명 환율

문법 & 어휘 익히기 ▸

1. higher today than yesterday: 어제보다 오늘이 더 높은

The exchange rate is *higher today than yesterday*,
so today's exchange rate is ₩1,170.
오늘 환율은 어제보다 높아, 달러당 1,170원입니다.

'higher today than yesterday'은 '어제보다 오늘이 더 높은'이라는 비교급 표현이다. higher 대신 lower를 바꾸어 사용한다면 '어제보다 오늘이 더 낮은'의 의미가 된다. 'today's exchange rate'는 '오늘의 환율'을 의미한다.

(1) The exchange rate is lower today than yesterday.
(오늘의 환율은 어제보다 더 떨어졌습니다.)

(2) The temperature outside is higher today than yesterday.
(바깥 온도는 어제보다 오늘이 더 높습니다.)

2. I'll be happy + to-부정사: 제가 ~하여 드리겠습니다.

I'll be happy to show you
to the nearest foreign exchange bank or airport.
가장 가까운 외환은행이나 공항을 가르쳐드리겠습니다.

'I'll be happy + to-부정사' 구문은 '제가 ~하여 드리겠습니다.'라는 의미로 '기쁘게 ~해 드린다.'라는 표현이다.

(1) I'll be happy to escort you to the swimming pool area.
(수영장으로 안내해 드리겠습니다.)

(2) I'll be happy to help you order your meal.
(주문하시는 것을 도와드리겠습니다.)

1. '比'를 이용한 비교문

> **今天的汇率比昨天要高。**
> 오늘 환율은 어제보다 높습니다.

'比'를 사용한 비교문은 'A比B + 형용사'의 형태로 쓰며, 의미는 'A는 B보다 ~하다.'이다. 정도의 차이를 나타낼 때 형용사 앞에 '还'나 '更'을 쓸 수 있지만, '很'이나 '非常'을 쓸 수 없다. 부정형의 형태는 '不比'를 써서 표현하거나 '没有'를 써서 'A没有B + 형용사'의 형태로 표현한다.

(1) 今年**比**去年同期**增长**了10%。

(2) 我们宾馆男职员**没有**女职员**那么**多。

增长 [zēngzhǎng] 증가하다

2. 선택관계: '或者'

> **您要换美元的话，去附近的外换银行或者去机场里的外换银行就可以。**
> 달러로 환전하시려면, 근처 외환은행이나 공항 내 외환은행으로 가시면 됩니다.

두 개 혹은 그 이상의 절이나 구를 나열하여 몇 가지 사항을 언급하고 그중 한 가지 사항을 선택하는 것이 선택관계를 나타내는 문장이다. 접속사 '或者'도 이러한 문장에서 사용되는데 일반적으로 평서문에서는 '或者'를 의문문에서는 '还是'를 쓴다.

(1) 我去餐厅吃，**或者**送餐吃都好。

(2) 她一直考虑换工作**或者**自己开公司。

연습문제 ▸

1. 단어 혹은 구문 활용하여 영어 또는 중국어 문장을 만드세요.

1) ~ higher today than yesterday

➡ ______________________________

2) I'll be happy + to-부정사

➡ ______________________________

3) 换成

➡ ______________________________

4) 比(비교문)

➡ ______________________________

5) 或者

➡ ______________________________

2. 빈칸에 알맞은 단어를 넣어 대화문을 완성하세요.

Daniel	Excuse me, Can I (　　　　　) some money?
丹尼尔	请问这里(　　)外币兑换业务吗?
Front cashier	Yes, dollar and yuan are available to exchange.
前厅收银员	行, 把美元和人民币可以换(　　)韩币。
Daniel	I need to change the dollars.
丹尼尔	我要把美元换(　　)人民币。
Front cashier	May I (　　　) your passport? How much do you (　　　) to exchange?
前厅收银员	请把您的护照(　　)出来看看。您要换多少?
Daniel	How's the exchange (　　　) today?
丹尼尔	今天的(　　)是多少?
Front cashier	The exchange rate is higher today (　　) yesterday so today's exchange rate is ₩1,170.
前厅收银员	今天的汇率(　　)昨天要高, 今天的(　　)是1美元换1,170元韩币。
Daniel	Then I would like to exchange 200 dollars.
丹尼尔	那我要换200美元。

3. 고객이 프런트에서 환전하는 상황에 대해 영어 또는 중국어로 대화를 만들고 연습해 보세요.

UNIT 11

프런트 데스크 캐셔 서비스 2

핵심 구문 익히기 ▸

• **아래 한국어를 영어 또는 중국어로 써보세요.**

1. 성함과 방 번호를 알려주십시오.

1) 영 어 ______________________________

2) 중국어 ______________________________

2. 저희 직원이 방을 체크하고 오겠습니다.

1) 영 어 ______________________________

2) 중국어 ______________________________

3. 영화 채널로 돌리시면 자동 부과됩니다.

1) 영 어 ______________________________

2) 중국어 ______________________________

4. 체크아웃 시간이 3시간 지나셔서 30%의 추가요금이 부과됩니다.

1) 영 어 ______________________________

2) 중국어 ______________________________

5. 신용카드 잘 챙기세요.

1) 영 어 ______________________________

2) 중국어 ______________________________

회화 ▸ 체크아웃할 때

Daniel I'm checking out.

丹尼尔 我想办理退房手续。

wǒ xiǎng bànlǐ tuìfáng shǒuxù.

Front cashier May I have your name and room number, also your room key?

前厅收银员 请告诉我您的姓名和房间号码，并把您的房卡给我一下。

qǐng gàosù wǒ nǐn de xìngmíng hé fángjiān hàomǎ, bìng bǎ nín de fángkǎ gěi wǒ yíxià.

Daniel Sure! My name is Daniel, and my room number is 608. Here you go.

丹尼尔 我是威廉斯丹尼尔，608号房间，房卡就在这儿。

wǒ shì wēiliánsī dānníěr, liù líng bā hào fángjiān, fángkǎ jiù zài zhèr.

Front cashier Wait a minute, I will send my staff to check your room. We're all done. Thank you for waiting. Here is your statement. Can you go over it, please?

前厅收银员 请稍等一下。服务员在检查您的房间。

qǐng shāo děng yíxià. fúwùyuán zài jiǎnchá nín de fángjiān.

可以了，很抱歉让您等久了。这是您的帐单，请您核对一下。

kěyǐ le, hěn bàoqiàn ràng nín děng jiǔ le. zhè shì nín de zhàngdān, qǐng nín héduì yíxià.

Daniel I didn't use the cable.

丹尼尔 我没看过电影频道。

wǒ méi kànguo diànyǐng píndào.

Front cashier Maybe you accidently turned on the movie channel?

前厅收银员 您不是把电视换到电影频道吗?

nín bú shì bǎ diànshì huàn dào diànyǐng píndào ma?

Daniel I turned on the movie, but didn't watch it.

丹尼尔 啊，换是换，不过没看过。

à, huàn shì huàn, búguò méi kànguo.

Front cashier We automatically charge whenever you turn on the movie channel. Sorry about that.

前厅收银员 不好意思，只要把电视换到电影频道，就收费。

bùhǎoyìsī, zhǐyào bǎ diànshì huàn dào diànyǐng píndào, jiù shōufèi.

Daniel OK. I see, then all is correct.

丹尼尔 哦，是这样啊。那都对了。

ò, shì zhèyàng a. nà dōu duì le.

Front cashier Cable usage fee is ₩3,000, laundry service is ₩12.000, you also stayed 3 hours over the check out time, so the surcharge fee is 30% more. Your grand total is ₩82,000.
How will you pay?

前厅收银员 电影频道费3,000块钱，洗衣服务费12,000块钱，

diànyǐng píndàofèi sānqiān kuài qián, xǐyī fúwùfèi yíwàn liǎngqiān kuài qián,

并退房过了3个小时，就加收30%的房费。

bìng tuìfáng guò le sān ge xiǎoshí, jiù jiāshōu bǎifēnzhī sānshí de fángfèi.

加起来一共85,200块钱。您打算如何付款呢?

jiāqǐlái yígòng bāwàn wǔqiān liǎngbǎi kuài qián. nín dǎsuàn rúhé fùkuǎn ne?

Daniel By card.

丹尼尔 我要用信用卡结算。

wǒ yào yòng xìnyòngkǎ jiésuàn.

Front cashier Sign here, please.

前厅收银员 请您在这儿签名一下。

qǐng nín zài zhèr qiānmíng yíxià.

Daniel OK. Can you look after my luggage for 3 hours, while I do some sightseeing for a short time?

丹尼尔 好，我还有一个问，这儿有行李寄存的服务吗?

hǎo, wǒ háiyǒu yí ge wèn, zhèr yǒu xíngli jìcún de fúwù ma?

Front cashier Sure! There is a luggage holding place to your right.
You can put it there.

前厅收银员 当然有，您的右边有行李寄存处，就在那儿可以寄存行李。

dāngrán yǒu, nín de yòubian yǒu xíngli jìcúnchù, jiù zài nàr kěyǐ jìcún xíngli.

Daniel 丹尼尔	Oh! Thanks. 哦, 知道了, 谢谢。 ò, zhīdào le, xièxie.
Front cashier 前厅收银员	Here is your card. Do you have any other questions? 请拿好您的信用卡。还有没有别的问题? qǐng ná hǎo nín de xìnyòngkǎ. hái yǒu méi yǒu biéde wèntí?
Daniel 丹尼尔	No, that's all. 没有, 谢谢。 méiyǒu, xièxie.
Front cashier 前厅收银员	Thank you for visiting our hotel. Please visit again soon. 真感谢光临我们G&G酒店。欢迎您再次光临本酒店。 zhēn gǎnxiè guānglín wǒmen G&G jiǔdiàn. huānyíng nín zàicì guānglín běn jiǔdiàn.
Daniel 丹尼尔	Thank you for your kind service. 谢谢你们的很亲切的服务。 xièxie nǐmen de hěn qīnqiē de fúwù.

새단어

ENGLISH

- check out _ 체크아웃하다
- go over _ ~를 잘 살펴보다
- statement _ 명세서
- surcharge _ 추가요금
- grand total _ 총계
- automatically _ 자동적으로

汉 语

- 办理 _ bànlǐ _ 동 처리하다, 수속을 밟다
- 手续 _ shǒuxù _ 명 수속, 절차
- 检查 _ jiǎnchá _ 동 점검하다, 조사하다
- 抱歉 _ bàoqiàn _ 동 죄송하게 생각하다
- 核对 _ héduì _ 동 확인 대조하다
- 电影频道 _ diànyǐngpíndào _ 명 영화채널
- 付款 _ fùkuǎn _ 동 돈을 지불하다
- 信用卡 _ xìnyòngkǎ _ 명 신용카드
- 结算 _ jiésuàn _ 동 결산하다
- 亲切 _ qīnqiè _ 형 친절하다

문법 & 어휘 익히기 ▸

1. send + 사람 + to-부정사: ~하기 위하여 사람을 보내다.

I will *send* my staff *to check* your room.
방을 체크하러 저희 직원을 보내겠습니다.

'send + 사람 + to-부정사'는 '~하기 위하여 사람을 보내다.'라는 표현으로 여기서 'to-부정사'는 목적을 나타내기 위하여 부가하였다.

(1) Please send your staff to fix the air conditioner.
(에어컨 고칠 직원 좀 보내주세요.)

(2) Please hold. We will send the staff to help you right now.
(잠깐만 기다려주십시오. 도와드리기 위해 곧 직원을 보내겠습니다.)

2. 30% more: 30% 더

You stayed 3 hours over the check out time,
so the surcharge fee is the *30% more*.
체크아웃 시간이 3시간 지나셔서 30% 추가요금이 부과되셨습니다.

'30% more'는 '30% 더'의 의미로 30% 대신에 다양한 비율의 퍼센트로 바꾸어 사용할 수 있다. 퍼센트 대신에 돈의 액수로 바꾸어 쓸 수도 있다.

(1) You stayed in the spa fifteen minutes after the normal time, so the surcharge fee is the 10% more. (스파를 15분 더 이용하셔서 요금이 10% 추가되셨습니다.)

(2) If you order alcoholic beverage after 12 am, you will pay 5 dollars more.
(12시 이후에 술을 주문하신다면 추가요금으로 5달러 더 내셔야 합니다.)

1. 양보관계: A是A

换是换，**不过**没看过。
돌리긴 했는데, 안 봤어요.

'A是A'는 'A하긴 A하지만'의 뜻으로 '虽然'의 의미와 비슷하며, 앞뒤에 같은 명사 · 형용사 · 동사를 사용하여 양보관계를 나타낼 때 쓴다. 일반적으로 '但是', '可是', '不过', '就是'와 같은 전환관계의 접속사와 같이 쓰인다.

(1) 这家餐厅的菜好吃**是**好吃，**不过**有点儿腻。

(2) 那个房间干净**是**干净，**可是**有点儿小。

腻 [nì] 느끼하다, (음식물에) 기름기가 너무 많다

2. 시량보어

退房**过了3个小时**，就加收30%的房费。
체크아웃 시간이 3시간 지나셔서 30%의 추가요금이 부과되셨습니다.

시량보어는 동작 또는 상태가 얼마나 지속되는지를 설명하는 보어이다. 형태는 목적어가 있는 경우 '(동사) + 목적어 + 동사 + 시량보어'의 형태로 쓰이는데, 동사를 반복하지 않을 경우, 목적어가 인칭대명사면 목적어는 보어 앞에 오고, 인칭대명사가 아니면 시량보어 뒤에 쓴다. 이 경우 시량보어는 한정어가 되어 '的'을 첨가할 수 있다. 동사의 의미가 '死', '来', '去', '到', '离开', '结婚', '毕业', '认识', '停'처럼 지속되는 경우가 아니라면 동작 발생 후의 시간 경과를 나타낸다. 이 경우에 형태는 목적어가 있어도 동사를 반복하지 않고 목적어는 시량보어 앞에 온다.

(1) 需要在这里住三天。

(2) 他坐了**六个小时**的飞机。

연습문제 ▸

1. 단어 혹은 구문 활용하여 영어 또는 중국어 문장을 만드세요.

1) 30% more

➡ ______________________________

2) send + 사람 + to-부정사

➡ ______________________________

3) ~ look after ~

➡ ______________________________

4) 检查

➡ ______________________________

5) A是A

➡ ______________________________

2. 빈칸에 알맞은 단어를 넣어 대화문을 완성하세요.

Daniel	I'm (　　　　) out.
丹尼尔	我想(　　　　)退房手续。
Front cashier	May I (　　) your name and room number, also your room key?
总服务台	请(　　　)我你的姓名和房间号码, 并把您的房卡给我一下。
Daniel	Sure! My name is Daniel, and my room number is 608. Here you (　　).
丹尼尔	我是威廉斯丹尼尔, 608号房间, 房卡就在这儿。
Front cashier	Wait a minute, I will (　　　) my staff to check your room. We're all done. Here is your statement. Can you go (　　) it please. (　　) will you pay?
总服务台	请稍等一下。服务员在(　　　)您的房间。可以了, 这是您的帐单, 请您(　　　)一下。您打算如何(　　　)呢?
Daniel	By card.
丹尼尔	我要用信用卡(　　　)。
Front cashier	Sign here, please. Here is your card. Do you have any (　　) questions?
总服务台	请您在这儿签名一下。请拿(　　　)您的信用卡。还有没有别的问题?
Daniel	No, that's all.
丹尼尔	没有, 谢谢。

3. 퇴실상황에 대해 영어 또는 중국어로 대화를 만들고 연습해 보세요.

TIP 프런트 오피스 서비스

데스크와 컨시어지의 서비스 태도

1. 모든 고객에게 관심을 보이며, 친근하게 인사한다.

예를 들어 "미스터 윌리엄스 씨, 묵으시는 동안 불편한 점은 없으셨나요?"라고 하며, 성이나 그 사람의 이름을 부른 후 인사한다.

2. 클레임이 들어왔을 때 그들의 입장에서 듣고 있다는 표현을 쓴다.

예를 들어 "제가 충분히 이해하고 있습니다."라고 하여 개개인의 고객에게 관심을 가지고 특별하게 모시고 있다는 느낌을 주도록 한다.

3. 고객의 요구사항에 대해 고객만족을 시키면서도 호텔 안에서 해줄 수 있는 범위 안에서의 YES를 하도록 노력한다.

예를 들어 연회에서 시간이 얼마 남지 않은 상황에서 꽃 스타일을 바꾸려고 할 때 무조건 들어드리겠다고 대답하기보다는 우선 확인해 보겠다고 대답한 후 만약 고객이 원하는 것이 없다면 가장 비슷하게 할 수 있는 것으로 시간에 맞춰 바꿔줄 수 있는지 확인하고 고객에게 전달하는 것이다.

4. 고객의 기대를 알아내고 그 고객에 맞추어 나간다.

예를 들면 고객이 비즈니스 맨인지, 청혼하려고 준비하는 것인지, 혹은 처음 온 관광객인지 등을 파악해서 그들이 요청하기 전에 필요로 하는 사항을 먼저 이야기하도록 한다. 또 장애인 고객이 투숙하는 경우 호텔에서 제공할 수 있는 서비스에 대해 언제든 말할 수 있도록 알려주고, 필요로 할 것 같은 내용도 미리 알려주도록 한다.

5. 외국인 관광객에게는 천천히 말하고, 몸짓과 표정 등으로 말하며 언어를 좀 더 편하게 소통하게 한다.

6. 어르신 투숙객의 경우 출입이 편한 객실을 제공하고, 활동에 불편함이 없는지, 혹은 건강관련 주의할 사항은 없는지 파악하는 것이 좋다.

Part 2

식음료 부문

F&B Department _ 餐饮部门

Part 2에서는 식음료 부서와 관련된 상황 회화를 통해 호텔 내의 식당, 라운지, 커피숍 등의 업무활동을 알아보고 관련 표현을 배워보겠다.

UNIT 12

레스토랑 서비스 1

핵심 구문 익히기 ▸

• **아래 한국어를 영어 또는 중국어로 써보세요.**

1. 어서 오세요. 두 분이신가요?

1) 영　어 ______________________________

2) 중국어 ______________________________

2. 이쪽으로 오세요.

1) 영　어 ______________________________

2) 중국어 ______________________________

3. 창가 쪽 좌석은 이미 다 예약이 되어 있습니다.

1) 영　어 ______________________________

2) 중국어 ______________________________

4. 주문하시겠어요?

1) 영　어 ______________________________

2) 중국어 ______________________________

5. 일행분이 오시면 자리로 안내해 드리겠습니다.

1) 영　어 ______________________________

2) 중국어 ______________________________

회화 ▸ 자리 안내 및 음식 주문받고 설명하기

Cashier　Welcome to our restaurant? Did you make a reservation?
女领台　欢迎光临，请问预订了吗？
huānyíng guānglín, qǐngwèn yùdìng le ma?

Daniel　Yes, I made a reservation at 6:30 under the name of Williams Daniel.
丹尼尔　是，已经以威廉斯丹尼尔的名义预订了6点半的。
shì, yǐjīng yǐ wēiliánsī dānníěr de míngyì yùdìng le liùdiǎn bàn de.

Cashier　Hold on a munite, please. Yes, I found it. You made a reservation at 6:30 under the name of Williams Daniel. Our waiter will escort you to your seat.
女领台　请稍等。以威廉斯丹尼尔的名义预订了6点半的座位，都确认了。
qǐng shāo děng. yǐ wēiliánsī dānníěr de míngyì yùdìng le liù diǎn bàn de zuòwèi, dōu quèrèn le.

Cashier　I'll guide you to your seat.
女领台　服务员会带您去您的座位。
fúwùyuán huì dài nín qù nín de zuòwèi.

Waiter　Could you please follow me? Here is your table.
服务员　请跟我来。这是您的座位。
qǐng gēn wǒ lái. zhè shì nín de zuòwèi.

Daniel　Is there a table near the window?
丹尼尔　有没有靠窗的坐位吗？
yǒu méi yǒu kàochuāng de zuòwèi ma?

Waiter　All the tables near the window are booked.
服务员　真不好意思，靠窗的座位已经有人预订了。
zhēn bùhǎoyìsī, kàochuāng de zuòwèi yǐjīng yǒurén yùdìng le.

Daniel　OK.
丹尼尔　好，知道了。
hǎo, zhīdào le.

Waiter Would you like to order?
服务员 请问要点菜吗?
qǐngwèn yào diǎncài ma?

Daniel When the party arrives, I will order.
丹尼尔 等人都到齐以后, 我再点菜。
děng rén dōu dào qí yǐhòu, wǒ zài diǎncài.

Waiter When your party arrives, I will guide them to your seat.
服务员 等人到了, 我会把他们带到你这儿。
děng rén dào le, wǒ huì bǎ tāmen dài dào nǐ zhèr.

새단어

ENGLISH party _ 일행 escort _ 안내하다

汉 语 靠 _ kào _ 동 닿다, 접근하다 到齐 _ dàoqí _ 동 모두 다 오다

点菜 _ diǎncài _ 동 요리를 주문하다

문법 & 어휘 익히기 ▸

1. ~ are booked: ~이 다 예약되다.

All the tables near the window *are booked*.
창가 쪽 테이블은 이미 다 예약되어 있습니다.

'~ are booked'는 '~이 다 예약되다.'라는 의미이며 다음과 같이 booked 대신에 full로 바꾸어 표현할 수 있다.

(1) All the poolside tables are full. (수영장 쪽 테이블은 다 예약되었습니다.)

(2) All of the spa available times are full. (예약 가능한 시간대의 스파는 다 완료되었습니다.)

2. When + 주어 + 동사구: ~하면

When your party arrives, I will guide them to your seat.
일행분이 오시면 자리로 안내하 드리겠습니다.

'When + 주어 + 동사' 구문은 '~하면'이라는 의미로 어떤 일이 당연히 일어날 것이라는 표현을 할 때 사용한다.

(1) When you finish check-in, our doorman will call the taxi for you.
(체크인이 다 끝나면, 저희 도어맨이 택시를 불러드릴 거예요.)

(2) When you get married at our hotel, you get a 20% off of the suit room.
(저희 호텔에서 결혼하셨을 때 20%의 스위트룸 할인혜택을 받으시게 됩니다.)

1. 동태조사: '了'

以威廉斯丹尼尔的名义预订了6点半的座位。
윌리엄스 다니엘 씨 성함으로 6시 30분에 예약되었다.

동태조사 '了'는 '동사 + 了'의 형태로 쓰며, 동사 뒤에서 동작이 완료되었음을 나타내며, 과거뿐 아니라, 현재나 미래의 가정에도 쓰인다. 부정형일 때는 동사 앞에 '没'을 사용하고, '了'를 사용하지 않는다. 의문형은 정반형, '~了没有', '~了吗'의 형태이다. 또 술어 동사 뒤에 결과보어나 방향보어가 있는 경우 조사 '了'는 보어 뒤에 사용한다. 연동문의 경우 조사 '了' 두 번째 동사 뒤에 쓴다.

(1) 刚才总服务台来了两次电话。

(2) 我还没去那个房间打扫。

(3) 你以前吃过了吗?

(4) 我去咖啡厅见了一位中国客户。

그러나 동작의 완성을 강조하지 않고 과거에 있었던 일을 객관적으로 서술하는 경우, 규칙적 · 습관적으로 늘 일어나는 동작의 경우에는 쓰지 않는다.

(5) 我的妹妹每天去公园锻炼身体。

(6) 他去年星期天中午12点起床。

2. 전치사구 보어

我会把他们带到你这儿。
당신 좌석으로 안내해 드리겠습니다.

전치사구 보어는 '술어 + 전치사구 + 목적어'의 형태로 전치사구가 술어 뒤에 놓여 보어의 역할을 하는 것으로, 술어의 대상, 시간, 장소, 출처, 방향, 비교, 원인 등을 보충해 준다. 이때 사용되는 전치사로는 '给', '在', '向', '到', '往', '自', '于' 등이 있다.

(1) 他来自美丽的海滨城市上海。

(2) 服务员把一幅画挂在酒店大厅的墙上。

海滨 [hǎibīn] 해안
墙 [qiáng] 벽

연습문제 ▸

1. 단어 혹은 구문 활용하여 영어 또는 중국어 문장을 만드세요.

1) ~ are booked

➡ ______________________________

2) When + 주어 + 동사구

➡ ______________________________

3) 到(전치사구)

➡ ______________________________

4) 了(동태조사)

➡ ______________________________

5) 靠(닿다. 접근하다.)

➡ ______________________________

2. 빈칸에 알맞은 단어를 넣어 대화문을 완성하세요.

Cashier	Welcome to our restaurant? (　　) you make a reservation?
出纳员	欢迎光临, 请问(　　)了吗?
Daniel	Yes, I made a reservation at 6:30 (　　) the name of Williams Daniel.
丹尼尔	是, 已经(　　)威廉斯丹尼尔的(　　)预订了6点半的。
Cashier	Hold (　) a munite, please. Yes, I (　　) it. You made a reservation at 6:30 under the name (　) Williams Daniel. Our waiter will (　　) you (　) your seat.
出纳员	请稍等。(　)威廉斯丹尼尔的(　　)预订了6点半的座位, 都确认了。
Cashier	I'll guide you to your (　　).
出纳员	服务员(　　)带您去您的座位。
Waiter	Could you please follow me? (　　) is your table.
服务员	请跟我来。这是您的(　　)。
Daniel	Is there a table (　　　　) the window?
丹尼尔	有没有靠窗的坐位吗?
Waiter	All the tables near the window are (　　　　)
服务员	真不好意思, 靠窗的座位已经(　　)预订了。

3. 레스토랑에서 고객에게 예약 여부를 묻고 자리를 안내하는 상황에 대해 영어 또는 중국어로 대화를 만들고 연습해 보세요.

UNIT 13

레스토랑 서비스 2

핵심 구문 익히기 ▸

• **아래 한국어를 영어 또는 중국어로 써보세요.**

1. 호텔의 특선요리로 와인을 곁들인 디너 세트입니다.

1) 영　어 ______________________________

2) 중국어 ______________________________

2. 고객들에게 아주 인기가 좋습니다.

1) 영　어 ______________________________

2) 중국어 ______________________________

3. 메인은 쇠고기 안심 스테이크와 연어 스테이크 중에서 고르시면 됩니다.

1) 영　어 ______________________________

2) 중국어 ______________________________

4. 디너 세트로 할까요?

1) 영　어 ______________________________

2) 중국어 ______________________________

5. 안심 스테이크는 어떻게 해드릴까요?

1) 영　어 ______________________________

2) 중국어 ______________________________

회화 ▸ 음식 주문받고 설명하기

Waiter　Would you like to order now?
服务员　请问现在要点菜吗?
qǐngwèn xiànzài yào diǎncài ma?

Daniel　What would you like to order?
丹尼尔　你想要吃什么?
nǐ xiǎng yào chī shénme?

Jimi　May I see the menu? How good is this food?
智美　那我们先看看菜单吧。请问这是什么菜?
nà wǒmen xiān kànkan càidān ba. qǐngwèn zhè shì shénme cài?

Waiter　This is our hotel's special dinner dish with wine.
It's very popular with our guests.
服务员　这就是我们的特色菜, 是和一杯葡萄酒一起提供的晚餐套餐。
zhè jiùshì wǒmen de tèsècài, shì hé yì bēi pútáojiǔ yìqǐ tígòng de wǎncān tàocān.
这个套餐对顾客很受欢迎。
zhè ge tàocān duì gùkè hěn shòu huānyíng.

Our main dishes are tenderloin steak and salmon steak that you can choose from. Tenderloin steak comes with a side dish. The side dish is baked potatoes. The salmon steak side dish is onion rings.
主菜呢, 可以任选一份菲力牛排, 或是一份三文鱼排。
zhǔcài ne, kěyǐ rènxuǎn yí fèn fēilì niúpái, huòshì yí fèn sānwényúpái.
菲力牛排搭配烤马铃薯, 三文鱼排搭配洋葱圈。
fēilìniúpái dāpèi kǎomǎlíngshǔ, sānwényúpái dāpèi yángcōngquān.

Daniel　Would you want dinner dish?
丹尼尔　那我们点这个晚餐套餐怎么样?
nà wǒmen diǎn zhè ge wǎncān tàocān zěnmeyàng?

Jimi　OK. I want tenderloin steak.
智美　好的, 我要一盘菲力牛排。
hǎo de, wǒ yào yì pán fēilìniúpái.

Daniel I will choose the salmon steak.
丹尼尔 我呢，来一盘三文鱼排吧。
wǒ ne, lái yì pán sānwényúpái ba.

Waiter How would you like your meat cooked?
服务员 菲力牛排要几分熟呢?
fēilìniúpái yào jǐ fèn shú ne?

Jimi Medium well, please.
智美 我要七分熟。
wǒ yào qīfèn shú.

Waiter Certainly, sir.
服务员 好，明白了。
hǎo, míngbái le.

Daniel What is today's soup?
丹尼尔 你们今天有什么汤?
nǐmen jīntiān yǒu shénme tāng?

Waiter We have mushroom cream soup and tomato vegetable soup. Which do you prefer?
服务员 今天有奶油蘑菇汤和番茄蔬菜汤。你要点什么?
jīntiān yǒu nǎiyóu mógūtāng hé fānqié shūcàitāng. nǐ yào diǎn shénme?

Daniel I'll have mushroom cream soup.
丹尼尔 那就要一碗奶油蘑菇汤吧。
nà jiù yào yì wǎn nǎiyóu mógūtāng ba.

Jimi I'll have tomato vegetable soup.
智美 我要一碗番茄蔬菜汤吧。
wǒ yào yì wǎn fānqié shūcài tāng ba.

Waiter Would you like anything else?
服务员 还需要别的吗?
hái xūyào biéde ma?

Daniel No.
丹尼尔 没有。
méi yǒu.

새단어

ENGLISH

dish _ 요리

tenderloin steak _ 안심 스테이크

salmon steak _ 연어 스테이크

popular _ 인기 있는

汉 语

特色 _ tèsè _ 명 형 특색, 특별한

葡萄酒 _ pútáojiǔ _ 명 포도주

提供 _ tígōng _ 동 제공하다

晚餐 _ wǎncān _ 명 저녁식사

套餐 _ tàocān _ 명 세트메뉴, 코스요리

顾客 _ gùkè _ 명 고객, 손님

受欢迎 _ shòuhuānyíng _ 인기가 있다

主菜 _ zhǔcài _ 명 메인요리

菲力牛排 _ fēilìniúpái _ 안심 스테이크

三文鱼排 _ sānwényúpái _ 연어 스테이크

搭配 _ dāpèi _ 동 곁들이다

烤马铃薯 _ kǎomǎlíngshǔ _ 구운 감자

洋葱圈 _ yángcōngquān _ 어니언링

熟 _ shú _ 형 (음식이) 익다

奶油蘑菇汤 _ nǎiyóumógutāng _ 버섯 크림수프

番茄蔬菜汤 _ fānqiéshūcàitāng _ 토마토 야채수프

문법 & 어휘 익히기 ▸

1. How would you like + 명사구: ~는 어떻게 해드릴까요?

How would you like your meat cooked?
안심 스테이크는 어떻게 해드릴까요?

'How would you like + 명사구'는 '~는 어떻게 해드릴까요?'라는 의미로 스테이크나 계란의 익힘 정도, 혹은 술의 기호를 묻는 표현이다. Cooked 대신에 served로 다음과 같이 바꾸어 사용할 수 있다.

(1) How would you like your Martini served? Any particular brand of Gin?
(마티니는 어떻게 해드릴까요? 특별히 좋아하시는 진이 있나요?)

(2) How would you like your eggs served? (계란은 어떻게 해드릴까요?)

2. Medium well, please: 미디엄 웰던으로 해주세요.

Medium well, please.
미디엄 웰던으로 해주세요.

'Medium well, please' 구문은 '미디엄 웰던으로 해주세요'라는 의미로 스테이크 익힘 정도를 나타내는 표현이다.

스테이크는 익힘 정도에 따라 보통 다음과 같이 6단계로 구분된다. 겉만 익히고 내부가 거의 붉은 육질이면 블루/베리 레어(Blue/Very rare), 중앙의 붉은 육질이 75% 이상이면 레어(Rare), 붉은 육질이 50~75%이면 미디엄 레어(Medium rare), 분홍색 육질이 25~50%이면 미디엄(Medium), 분홍색 육질이 25% 이하면 미디엄 웰던(Medium well), 갈색이 될 때까지 익히면 웰던(Well done)

1. '对~(很)受欢迎'

这个套餐对顾客很受欢迎。
이 세트메뉴는 고객들에게 매우 인기가 있습니다.

'受欢迎'은 '환영을 받다.', '인기가 있다.'의 의미를 나타낼 때 쓴다. 형태는 '受欢迎'로 쓰거나, '(很)受'와 '欢迎' 사이에 환영하거나 인기를 주는 대상을 넣어, '(很)受 + 대상 + 欢迎(~에/에게 인기가 있다)'의 형태로 쓰이기도 한다.

(1) 我们餐厅的海鲜套餐比较受欢迎。

(2) 最近绿色食品非常受中国消费者的欢迎。

海鲜 [hǎixiān] 해산물

2. 익히는 정도에 대한 표현

我要七分熟牛排。
미디엄 웰던으로 해주세요.

중국어에서 스테이크의 익힌 정도는 웰던과 블루 레어를 제외하고 1, 3, 5, 7 숫자 + 分熟로 표현하며, 많이 익힐수록 숫자가 높다. 각각 아래와 같이 구분하여 말한다.

스테이크 익힌 정도	온도	스테이크 색 및 온도 정도
블루 레어(blue/very rare)	120°	선홍색이지만 온도가 높지 않음
레어(rare): 一分熟牛排	125°	속은 선홍색이며 안의 온도도 거의 일정함
미디엄 레어(medium rare): 三分熟牛排	130~135°	속이 분홍색이며 상당히 뜨거움
미디엄(medium): 五分熟牛排	140~145°	속이 분홍색에 옅은 회색 그리고 적갈색이 섞여 있으며 매우 뜨거움
미디엄 웰던(medium well): 七分熟牛排	150~155°	속이 주로 회색과 적갈색이며, 분홍색이 약간 섞여 있음
웰던(well done): 全熟牛排	160°	스테이크 속이 갈색임

연습문제 ▸

1. 단어 혹은 구문 활용하여 영어 또는 중국어 문장을 만드세요.

1) How would you like + 명사구

➡ ______________________________

2) I'll have ~

➡ ______________________________

3) 搭配

➡ ______________________________

4) ~ 分熟

➡ ______________________________

5) 受欢迎

➡ ______________________________

2. 빈칸에 알맞은 단어를 넣어 대화문을 완성하세요.

Waiter Would you ( ) to order now?
服务员 请问现在要( )吗?

Jimi May I see the menu? How ( ) is this food?
智美 那我先看看菜单吧。请问这是什么菜?

Waiter This is our hotel's special dinner ( ) with wine.
It's very ( ) with our guests.

服务员	这就是我们的特色菜, 是和一杯葡萄酒一起提供的晚餐套餐。 这个套餐( )顾客很( )。
	Our main dishes are tenderloin steak and salmon steak that you can choose from. Tenderloin steak comes ( ) a side dish. The ( ) dish is baked potatoes. The salmon steak side dish is onion rings. 主菜呢, 一份菲力牛排和一份三文鱼排之中( )一个。 菲力牛排( )烤马铃薯, 三文鱼排( )洋葱圈。
Jimi	OK. I ( ) tenderloin steak.
智美	好的, 我要一盘菲力牛排。
Waiter	How would you like your meat ( )?
服务员	菲力牛排要几( )呢?
Jimi	Medium well, please. What is today's soup?
智美	我要七( )牛排。你们今天有什么汤?
Waiter	We have mushroom cream soup and tomato vegetable soup. Which do you ( )?
服务员	今天有奶油蘑菇汤和番茄蔬菜汤。你要点什么?
Jimi	I'll have mushroom cream soup.
智美	那就要一碗奶油蘑菇汤吧。
Waiter	Would you like ( ) else?
服务员	还需要( )吗?
Jimi	No.
智美	没有。

3. 레스토랑에서 고객에게 주문받는 상황을 영어 또는 중국어로 대화를 만들고 연습해 보세요.

UNIT **14**

레스토랑 서비스 3

핵심 구문 익히기 ▸

• 아래 한국어를 영어 또는 중국어로 써보세요.

1. 스테이크 소스가 너무 싱거운 거 같아요.

1) 영 어 ______________________________

2) 중국어 ______________________________

2. 이번 달 저희 레스토랑 주제는 웰빙입니다.

1) 영 어 ______________________________

2) 중국어 ______________________________

3. 식사는 맛있게 하셨나요?

1) 영 어 ______________________________

2) 중국어 ______________________________

4. 초콜릿무스는 많이 단가요?

1) 영 어 ______________________________

2) 중국어 ______________________________

5. 일반 초콜릿무스 케이크보다는 달지 않습니다.

1) 영 어 ______________________________

2) 중국어 ______________________________

회화 ▸ 고객의 컴플레인 응대와 디저트 주문받기

Jimi Waiter, please!

智美 服务员!

fúwùyuán!

Waiter How can I help you?

服务员 我能帮你什么忙?

wǒ néng bāng nǐ shénme máng?

Jimi This stake sauce is too mild.

智美 这个牛排酱汁有点儿淡。

zhè ge niúpái jiàngzhī yǒudiǎnr dàn.

Waiter This month's theme of our hotel is healthy food. Therefore we do not use salt. We use natural seasoning.

服务员 因为本月我们餐厅提供健康菜, 所以不放盐, 只用天然调味料做菜。

yīnwèi běnyuè wǒmen cāntīng tígòng jiànkāngcài, suǒyǐ bú fàng yán, zhǐ yòng tiānrán diàowèiliào zuòcài.

Jimi Ah, OK! that's cool.

智美 哦, 明白了。

ò, míngbái le.

(After the meal / 吃饭后)

Waiter Have you finished your meal? Was the meal tasty to you? We have two desserts to choose from Pecan Pie or Chocolate Mousse Cake, Which would you like prefer?

服务员 你们两位对你们的用餐还满意吗? 这些菜合你们的口味了吗?

nǐmen liǎng wèi duì nǐmen de yòngcān hái mǎnyì ma? zhè xiē cài hé nǐmen de kǒuwèi le ma?

你们想要什么餐后甜点? 可选碧根果派或者巧克力奶油蛋糕。

nǐmen xiǎngyào shénme cānhòu tiándiǎn? kěxuǎn bìgēnguǒpài huòzhě qiǎokèlì nǎiyóu dàngāo.

Jimi	I'll have Pecan Pie. How about you, Daniel? What do you want?
智美	我要一块碧根果派。丹尼尔你呢? wǒ yào yí kuài bìgēn guǒpài. dānníěr nǐ ne?
Daniel	Is the Chocolate Mousse Cake very sweet?
丹尼尔	巧克力奶油蛋糕多甜? qiǎokèlì nǎiyóu dàngāo duōtián?
Waiter	The dessert is also part of the healthy theme. This dessert is not as sweet as usual.
服务员	我们这儿的餐后甜点也是为了对身体有益, 没有普遍巧克力 wǒmen zhèr de cānhòu tiándiǎn yě shì wèile duì shēntǐ yǒuyì, méiyǒu pǔbiàn qiǎokèlì 奶油蛋糕那么甜。 nǎiyóu dàngāo nàme tián.
Daniel	Then I'll have Chocolate Mousse Cake.
丹尼尔	那给我一块巧克力奶油蛋糕吧。 nà gěi wǒ yí kuài qiǎokèlì nǎiyóu dàngāo ba.
Waiter	Certainly, sir. Wait a minute, please. I will prepare it soon.
服务员	好的, 请等一等, 马上给您拿来。 hǎo de, qǐng děng yī děng, mǎshàng gěi nín ná lái.

새단어

ENGLISH

mild _ 순한, 싱거운

seasoning _ 조미료

汉 语

牛排酱汁 _ niúpáijiàngzhī _ 스테이크 소스

淡 _ dàn _ 형 싱겁다

提供 _ tígōng _ 동 제공하다

健康 _ jiànkāng _ 명 건강

碧根果派 _ bìgēn guǒpài _ 피칸파이

巧克力奶油蛋糕 _ qiǎokèlì nǎiyóu dàngāo _ 초콜릿무스 케이크

有益 _ yǒuyì _ 동 도움이 되다

普遍 _ pǔbiàn _ 형 보편적인

满意 _ mǎnyì _ 형 만족스럽다

合口味 _ hékǒuwèi _ 입맛에 맞다

甜点 _ tiándiǎn _ 명 디저트

健康菜 _ jiànkāngcài _ 웰빙요리

盐 _ yán _ 명 소금

天然调味料 _ tiānrántiáowèilià _ 명 천연조미료

用餐 _ yòngcān _ 동 식사를 하다

문법 & 어휘 익히기 ▸

1. not as + 형용사 + as usual: 평소만큼 ~하지 않은

This dessert is *not as* sweet *as usual.*
일반 디저트만큼 달지 않으실 겁니다.

'not as + 형용사 + as usual' 구문은 '평소보다 ~하지 않다.'라는 동등비교 표현이다. 이때 not을 생략하면 '평소만큼 ~하다.'라는 긍정의 의미로 표현할 수 있다.

(1) Today's manu is not as expensive as usual.
(오늘의 메뉴는 평소 메뉴 가격보다 비싸지 않습니다.)

(2) The weather today is as warm as usual. (오늘은 평소만큼 따뜻합니다.)

(3) The exchange rate is not as high as usual.
(오늘의 환율은 평소보다 높지 않습니다.)

2. Which would you prefer?: 어느 것으로 하시겠습니까?

We have two dessert to choose from Pecan Pie or
Chocolate Mousse Cake, *Which would you prefer?*
디저트는 피칸파이와 초콜릿무스 케이크가 있는데 어느 것으로 하시겠습니까?

'Which would you prefer?' 구문은 '어느 것으로 하시겠습니까?'라는 의미이다. 보통 두 종류 중에 한 가지를 고르는 표현을 나타내고자 할 때 쓸 수 있다.

(1) We have two rooms to choose from beach front view or swimming pool view, Which would you prefer?
(해변이 보이는 객실과 수영장이 보이는 객실이 있는데 어느 것으로 하시겠어요?)

(2) We have two tables to choose from a window table or a bar table. Which would you prefer?
(창가 좌석과 바 테이블 좌석이 있는데 어느 것으로 하시겠어요?)

1. '有点儿'과 '一点儿'

这个牛排酱汁有点儿淡。
스테이크 소스가 좀 싱거운 거 같아요.

'有点儿'과 '一点儿'은 모두 '조금', '약간'의 의미로 수량이나 정도가 작음을 표현할 때 사용한다. 그러나 둘의 용법은 다른데 우선 품사상에서 '有点儿'은 부사로 술어 동사나 형용사 앞에 쓰인다. 또 화자의 주관적 느낌을 강조하여 부정적인 어감을 나타낼 때 쓴다. '一点儿'의 경우 주로 양사로 술어 동사나 형용사 뒤에 보어로 쓰이며 객관적 어감이 강하다. '一点儿'이 부사어로 쓰이는 경우는 '一点儿 + 也/都 + 不/没'의 형식으로 부정을 강조할 때이다.

(1) 跟韩国菜相比，中国菜有点儿腻。

(2) 这个房间有点儿小，有没有大一点儿的？

2. '有'를 사용한 비교문

没有普遍巧克力奶油蛋糕那么甜。
일반 초콜릿무스 케이크보다는 달지 않아요.

비교를 나타낼 때 '有'를 사용하여 '(没)有 + 대상 + 형용사'의 형태로 어느 수준에 이르렀음을 나타내는 '~만큼 ~하다.'라는 의미를 표현하는 데 쓴다. '이것만큼 ~하다.' 또는 '저것만큼 ~하다.'를 표현할 때는 형용사 앞에 '这么' 혹은 '那么'를 쓰기도 한다. '~만큼 ~하지 않다.'의 의미의 부정을 나타낼 때는 '有' 앞에 부정부사 '没'를 써서 표현하면 된다.

(1) 美金汇率今天有昨天一样高。

(2) 中国的酒店服务没有韩国这么发达。

연습문제 ▸

1. 단어 혹은 구문 활용하여 영어 또는 중국어 문장을 만드세요.

1) not as + 형용사 + as usual

➡ ____

2) ~ would you prefer?

➡ ____

3) 有点儿

➡ ____

4) 一点儿

➡ ____

5) 有(비교문)

➡ ____

2. 빈칸에 알맞은 단어를 넣어 대화문을 완성하세요.

Jimi 智美	Waiter, please! 服务员!
Waiter 服务员	How (　　　　) I help you? 我能帮你什么忙?
Jimi 智美	This stake sauce is too (　　　　). 这个牛排酱汁有点儿淡。

Waiter This month's (   ) of our hotel is a (   ) food, therefore we do not use salt, we use natural (   ).
服务员 因为本月我们餐厅提供健康菜，所以不放盐，只用天然调味料做菜。

Jimi Ah, OK! that's cool.
智美 哦，明白了。

(After the meal / 吃饭后)

Waiter Have you finished your meal? Was the meal (   ) to you?
服务员 你们两位对你们的用餐还满意吗？这些菜合你们的口味了吗？

We have two desserts to choose (   ) Pecan Pie (   ) Chocolate Mousse Cake, Which would you like prefer?
你们想要什么餐后甜点？ 可选碧根果派或者巧克力奶油蛋糕中。

Jimi I'll have Pecan Pie. How about you, Daniel? (   ) do you want?
智美 我要一块碧根果派。丹尼尔你呢？

Daniel Is the Chocolate Mousse Cake very sweet?
丹尼尔 巧克力奶油蛋糕多甜？

Waiter The dessert is also part of the healthy theme. This dessert is not too sweet (   ) usual.
服务员 我们这儿的餐后甜点也是为了对身体有益， 没有普遍巧克力奶油蛋糕那么甜。

Daniel Then I'll (   ) Chocolate Mousse Cake?
丹尼尔 那给我一块巧克力奶油蛋糕吧。

Waiter Certainly, sir. Wait a minute, please. I'll (   ) it for you soon.
服务员 好的，请等一等，马上给您拿来。

3. 고객이 레스토랑에서 컴플레인하는 것에 대해 응대하는 상황을 영어 또는 중국어로 대화를 만들고 연습해 보세요.

UNIT 15

커피숍 서비스

핵심 구문 익히기 ▸

• **아래 한국어를 영어 또는 중국어로 써보세요.**

1. 요거트 스무디는 어떤 것이 맛있나요?

1) 영　어 ____________________

2) 중국어 ____________________

2. 하나 추천해주세요.

1) 영　어 ____________________

2) 중국어 ____________________

3. 레몬에이드는 차가운 걸로 드릴까요? 따뜻한 걸로 드릴까요?

1) 영　어 ____________________

2) 중국어 ____________________

4. 저희는 차가운 레몬에이드 시켰는데요.

1) 영　어 ____________________

2) 중국어 ____________________

5. 여기 주문하신 음료 다시 나왔습니다.

1) 영　어 ____________________

2) 중국어 ____________________

회화 ▸ 음료 주문받기 및 컴플레인 응대

Waitress　Good afternoon, sir. How may I help you?
女服务员　你们要点什么?
nǐmen yào diǎn shénme?

Jimi　Which Yogurt Smoothie is delicious?
Will you recommend one?
智美　酸奶果昔哪个味道最好吃? 你给我推荐一个吧。
suānnǎi guǒxī nǎ ge wèidào zuì hǎochī? nǐ gěi wǒ tuījiàn yí ge ba.

Waitress　There are strawberry, mango, kiwi and blueberry. Blueberry Yogurt Smoothie is most popular of all.
女服务员　除了草莓以外, 还有芒果、猕猴桃和蓝莓。其中蓝莓酸奶果昔对顾客很受欢迎。
chúle cǎoméi yǐwài, háiyǒu mángguǒ、míhóutáo hé lánméi. qízhōng lánméi suānnǎi guǒxī duì gùkè hěn shòuhuānyíng.

Daniel　Bring me Blueberry Yogurt Smoothie and lemonade.
丹尼尔　那给我们一杯蓝莓酸奶果昔和一杯柠檬茶吧。
nà gěi wǒmen yì bēi lánméi suānnǎi guǒxī hé yì bēi níngméngchá ba.

Waitress　Would you like a hot or cold lemonade?
女服务员　柠檬茶是要热的还是冷的?
níngméngchá shì yào rè de háishì lěng de?

Daniel　I want cold.
丹尼尔　要冷的。
yào lěng de.

Waitress　Would you like anything else?
女服务员　还需要别的吗?
hái xūyào biéde ma?

Jimi　No, thanks.
智美　没有了。
méi yǒu le.

(After a while / 过了一会儿)

Daniel 丹尼尔	I ordered cold lemonade. 我们点了冷的柠檬茶了。 wǒmen diǎn le lěng de níngméngchá le.
Waitress 女服务员	I am sorry, sir. I made a mistake. I'll bring it again? 哦? 对不起先生, 这是我的失误。马上就给您换。 ò? duìbuqǐ xiānsheng, zhè shì wǒ de shīwù. mǎshàng jiù gěi nín huàn.

(After a while / 过了一会儿)

Waitress 女服务员	Here is your beverage again, and I brought the Chocolate Cake. It's free because I made a mistake about your beverage changed. I was sorry about that. 这是您点的饮料和免费赠送一块巧克力蛋糕。 zhè shì nín diǎn de yǐnliào hé miǎnfèi zèngsòng yíkuài qiǎokèlì dàngāo. 因为我刚才错误, 为表歉意免费赠送你们。 yīnwéi wǒ gāngcái cuòwù, wèi biǎo qiànyì miǎnfèi zèngsòng nǐmen.
Daniel 丹尼尔	Thank you very much. 谢谢。 xièxie.
Waitress 服务员	Enjoy your time! 祝用餐愉快! zhù yòngcān yúkuài!

새단어

ENGLISH

- order _ 주문하다
- bring _ 가져오다
- beverage _ 음료
- anything else _ 그 밖에 또 다른 것

汉语

- 酸奶果昔 _ suānnǎi guǒxī _ 요거트 스무디
- 味道 _ wèidao _ 명 맛
- 好吃 _ hǎochī _ 형 맛좋다
- 芒果 _ mángguǒ _ 명 망고
- 草莓 _ cǎoméi _ 명 딸기
- 猕猴桃 _ míhóutáo _ 명 키위
- 蓝莓 _ lánméi _ 명 블루베리
- 柠檬茶 _ níngméngchá _ 명 레몬에이드
- 失误 _ shīwù _ 명 동 실수(하다)
- 赠送 _ zèngsòng _ 동 주다
- 歉意 _ qiànyì _ 명 미안한 마음

문법 & 어휘 익히기 ▸

1. 명사구 + is most popular of all: 그중에서 ~가 가장 인기가 있습니다.

Blueberry yogurt smoothie *is the most popular of all*.
그중에서 블루베리 요거트 스무디가 가장 인기가 있습니다.

'그중에서 ~가 가장 인기가 있습니다.'라는 의미의 문장은 '명사구 + is most popular of all'은 최상급 구문으로 표현할 수 있다. 이 표현은 명사구만 바꾸어서 다음과 같이 다양한 표현으로 사용할 수 있다. 또 popular 대신 delicious를 넣어 '그중에서 가장 맛있다.'라고 표현할 수도 있다.

(1) Salmon steak is the most popular of all for women.
(그중에서 연어 스테이크가 여성에게 가장 인기가 있습니다.)

(2) Chocolate Cupcake is the most delicious of all.
(그중에서 초콜릿 컵케이크가 가장 맛있습니다.)

2. I made a mistake: 제가 실수했습니다.

I am sorry, sir. *I made a mistake*. I'll bring it again.
죄송합니다. 제가 실수했습니다. 다시 가져다 드리겠습니다.

'제가 실수했습니다.' 혹은 '제가 착각했습니다.' 의미의 표현에 유용하게 쓸 수 있는 구문으로 'I made a mistake'이 있다. 또 bring은 '가져오다.' 의미의 동사로 again과 함께 쓰여 '다시 가져오다.'는 의미로 쓰인다.

(1) I made a mistake by bringing the wrong beverage.
(제가 실수하여 음료를 잘못 가지고 왔습니다.)

(2) I made a mistake and I feel very sorry about that.
(제가 착각했습니다. 정말 죄송합니다.)

1. 점층관계: '除了~以外, 还/也'

除了草莓以外, 还有芒果、猕猴桃和蓝莓。

'除了'는 '~외에 또'의 의미로 '还'나 '也' 등과 같이 사용되어 '어떤 것 이외에 다른 것이 또 있다.'는 점층관계의 문장에서 쓰인다. 즉 '除了A~(以外), 还/也B~'와 같은 형태로 사용되어 'A의 상황도 있고 B의 상황도 있음'을 나타낸다. 이러한 경우 A는 이미 잘 알고 있는 비교적 일반적인 상황을 B는 잘 알지 못하는 비교적 특수하거나 보충 설명이 필요한 상황에 쓴다.

(1) 除了爆米花以外, 你还想吃什么?

(2) 那位新来的礼宾员除了会说汉语以外, 也会说英语和俄语。

2. 선택관계: '还是'

柠檬茶是要热的还是冷的?
레몬에이드는 차가운 걸로 드릴까요? 따뜻한 걸로 드릴까요?

접속사 '还是'는 A와 B 중 어떤 것을 선택할지를 물을 때 사용하는 것으로, 'A还是B'는 'A입니까 아니면 B입니까'라는 의미의 의문문이다. 주어가 동일할 경우 뒤에 오는 주어를 생략할 수 있지만 동사의 경우에는 일반적으로 앞뒤가 동일해도 생략하지 않는다. 단, '是'의 경우는 '还是'의 '是'와 겹치지 않기 위해 생략한다.

(1) 你去还是我去? (주어 선택의 경우)

(2) 现在送还是一个小时后送? (시간사 선택의 경우)

(3) 我们坐公共汽车去, 还是地铁去? (수단 선택의 경우)

(4) 你喜欢喝茶还是喝咖啡? (목적어 선택의 경우)

(5) 你是服务员还是顾客? (목적어 선택의 경우)

연습문제 ▸

1. 단어 혹은 구문 활용하여 영어 또는 중국어 문장을 만드세요.

1) ~ be most popular of all

➡ ______________________________

2) I made a mistake ~

➡ ______________________________

3) ~ anything else?

➡ ______________________________

4) 除了 ~ 以外, 还 ~

➡ ______________________________

5) 还是

➡ ______________________________

2. 빈칸에 알맞은 단어를 넣어 대화문을 완성하세요.

Waitress 服务员	Good afternoon, sir. How may I help you? 你们要点什么?
Jimi 智美	Which Yogurt Smoothie is delicious? Will you ( ) one? 酸奶果昔哪个( )最( )? 你给我( )一个吧。
Waitress 服务员	There are strawberry, mango, kiwi and blueberry. Blueberry Yogurt Smoothie is most popular of ( ). ( )草莓以外, ( )芒果、猕猴桃和蓝莓。其中蓝莓酸奶果昔对顾客很( )。

Daniel ( ) me Blueberry Yogurt Smoothie and lemonade.
丹尼尔 那给我们一杯蓝莓酸奶果昔和一杯柠檬茶吧。

Waitress Would you like a hot ( ) cold lemonade?
服务员 柠檬茶是要热的( )冷的?

Daniel I want cold.
丹尼尔 给冷的吧。

Waitress Would you like ( ) else?
服务员 还需要别的吗?

Jimi No, thanks
智美 没有了。

(After a while / 过了一会儿)

Daniel I ordered cold lemonade.
丹尼尔 我们点了冷的柠檬茶了。

Waitress I am sorry, sir. I made a ( ). I'll ( ) it again?
服务员 哦? 对不起先生, 这是我的失误。马上给您( )。

(After a while / 过了一会儿)

Waitress ( ) is your beverage again. and I brought the Chocolate Cupcake. It's free because I made a mistake ( ) your beverage ( ). I was sorry about that.
服务员 这是您点的饮料和免费赠送一块巧克力蛋糕。因为我刚才错误, 为表歉意免费赠送你们。

Daniel Thank you very much.
丹尼尔 谢谢。

Waitress Enjoy your time!
服务员 祝用餐愉快!

3. 커피숍에서 주문받는 상황에 대해 영어 또는 중국어로 대화를 만들고 연습해 보세요.

UNIT 16

바텐더 서비스

핵심 구문 익히기 ▸

• **아래 한국어를 영어 또는 중국어로 써보세요.**

1. 맥주로 할게요.

1) 영　어 ______________________

2) 중국어 ______________________

2. 어떤 종류의 맥주를 드시겠어요?

1) 영　어 ______________________

2) 중국어 ______________________

3. 칵테일 좀 마시고 싶은데요.

1) 영　어 ______________________

2) 중국어 ______________________

4. 이건 무료로 제공되는 팝콘입니다.

1) 영　어 ______________________

2) 중국어 ______________________

5. 이걸로 한 잔 주세요.

1) 영　어 ______________________

2) 중국어 ______________________

회화 ▸ 바에서 음료 주문받기

Bartender 调酒师
Good evening, sir! How may I help you?
晚上好! 请问两位喝点儿什么?
wǎnshang hǎo! qǐngwèn liǎng wèi hē diǎnr shénme?

Daniel 丹尼尔
We'd like to drink some beers.
我们要啤酒。
wǒmen yào píjiǔ.

Bartender 调酒师
What kind of beer would you like?
你们喜欢喝哪种啤酒?
nǐmen xǐhuan hē nǎ zhǒng píjiǔ?

Daniel 丹尼尔
Two black draft beers, please
来两杯黑扎啤吧。
lái liǎng bēi hēizhāpí ba.

Bartender 调酒师
Yes, sir.
好的, 等一会儿。
hǎo de, děng yíhuìr.

(After a while / 过了一会儿)

Bartender 调酒师
Here are two black draft beers and popcorn for free.
是两杯黑扎啤和免费提供的一碗爆玉米花。
shì liǎng bēi hēizhāpí hé miǎnfèi tígòng de yì wǎn bàoyù mǐhuā.

Daniel 丹尼尔
Thanks. I'd like to drink some cocktail.
What Kinds of cocktail do you have?
谢谢。我还要喝点儿鸡尾酒, 这儿有哪种鸡尾酒?
xièxie. wǒ háiyào hē diǎnr jīwěijiǔ, zhèr yǒu nǎ zhǒng jīwěijiǔ?

Bartender 调酒师
There are various kind of cocktail here.
You can choose one.
我们这儿有各种各样的鸡尾酒, 这儿都写着呢, 请看一看吧。
wǒmen zhèr yǒu gèzhǒnggèyàng de jīwěijiǔ, zhèr dōu xiě zhe ne, qǐng kàn yí kàn ba.

Daniel 丹尼尔	Bring me this one. 这种的，来一杯吧。 zhè zhǒng de, lái yì bēi ba.
Bartender 调酒师	Certainly, sir. Hold on please. 好，请稍等。 hǎo, qǐng shāo děng.

새단어

ENGLISH draft beer _ 생맥주   for free _ 무료로

汉 语 黑扎啤 _ hēizhāpí _ 명 흑생맥주   免费 _ miǎnfèi _ 동 무료로 하다

爆玉米花 _ bàoyùmǐhuā _ 명 팝콘   鸡尾酒 _ jīwěijiǔ _ 명 칵테일

문법 & 어휘 익히기 ▸

1. What kind of + 명사구 + would you like?: 어떤 종류의 ~로 하시겠어요?

What kinds of beer would you like?
어떤 종류의 맥주를 드시겠어요?

'What kinds of + 명사구 + would you like?'은 '어떤 종류의 ~로 하시겠어요?'라는 의미로 명사구만 바꾸어서 다양하게 표현할 수 있다. 음식 주문받을 때 쓸 수 있는 유용한 표현이다. kind 대신에 sort 등으로 바꾸어 쓸 수 있다.

(1) What sort of ice cream would you like?
(어떤 종류의 아이스크림으로 하시겠어요?)

(2) What kind of Kebob would you like?
(어떤 종류의 케밥으로 하시겠어요?)

2. I'd like to + 동사원형: ~하고 싶은데요.

I'd like to drink some cocktail.
칵테일 좀 마시고 싶은데요.

'I'd like to + 동사원형' 구문은 '~하고 싶은데요.'의 의미로 동사만 바꾸어 다음과 같이 다양한 표현을 할 수 있다.

(1) I'd like to drink some Korean alcoholic beverage.
(한국 술을 마시고 싶은데요.)

(2) I'd like to have genuine Chinese food.
(전통 중국 음식 먹어보고 싶은데요.)

1. 동사의 중첩

请<u>看一看</u>吧。
한 번 보세요.

동사의 중첩은 동작이나 행위를 나타내거나 적극적인 사유활동을 나타내는 경우에 가능하며, 이러한 동사로는 '听'이나 '想'이 있다. 반면에 심리활동, 발전변화, 존재, 판단, 소유, 방향, 사람의 의지로 할 수 없는 것, 자연계의 운동 등에 대해서는 중첩하지 않는다. 예를 들어 '喜欢', '发展', '在', '来', '掉', '飘' 등이 있다. 또 동사를 중첩할 때 여러 방식이 있는데, 단음절인 경우 AA형태 혹은 A一A나 A了A의 형태로 표현한다. 이음절의 경우는 ABAB의 형태로 쓰며 이합사는 AAB의 형태로 쓴다. 중첩된 후에는 일반적으로 시량보어나 동량보어를 쓰지 못한다.

(1) 你<u>**看看**</u>菜单吧。

(2) 昨天晚上我跟朋友一起去公园<u>**散散步**</u>了。

2. 동태조사: '着'

我们这儿有各种各样的鸡尾酒，这儿都<u>写着</u>呢。
칵테일은 여러 종류가 있는데, 여기 적혀 있습니다.

동태조사 '着'는 동사나 형용사 뒤에 쓰여 동작의 지속이나 위의 문장에서처럼 상태가 지속 중임을 나타낸다. 부정의 형식일 때는 '没 + 동사 + 着'로 쓰인다. 또한 '동사1'이 '동사2'의 방식을 나타내는 문장을 만들 때 '着'를 사용하여 '동사1 + 着 + 동사2'의 구조로 나타낼 수도 있다. 아래는 동작의 지속과 관련된 문장이다.

(1) 客人们正在在7层的大会议室<u>**喝着**</u>咖啡。

(2) 我每天<u>**走着**</u>去公司。

연습문제 ▸

1. 단어 혹은 구문 활용하여 영어 또는 중국어 문장을 만드세요.

1) What kinds of + 명사구 + would you like?

➡ ______________________________

2) I'd like to + 동사원형

➡ ______________________________

3) AAB(동사의 중첩)

➡ ______________________________

4) 着(동태조사)

➡ ______________________________

5) A一A(동사의 중첩)

➡ ______________________________

2. 빈칸에 알맞은 단어를 넣어 대화문을 완성하세요.

Daniel　We'd like to (　　　) some beers.
丹尼尔　我们要啤酒。

Bartender　What (　　　) of beer would you like?
调酒师　你们(　　)喝哪种啤酒?

Daniel　Two black draft beers, please.
丹尼尔　(　　)两杯黑扎啤吧。

Bartender　Here (　　) two black draft beers and popcorn (　　) free.
调酒师　是两杯黑扎啤和免费(　　)的一碗爆玉米花。

Daniel　Thanks. I'd like to drink some cocktail. What kinds of cocktail do you have?
丹尼尔　好, 谢谢。我要喝(　　)鸡尾酒, 这儿有什么鸡尾酒?

Bartender　(　　) are various kinds of cocktail here, you can choose (　　).
调酒师　我们这儿有(　　)的鸡尾酒, 这儿都写(　　)呢, 请看(　　)看吧。

Daniel　(　　　) me this one.
丹尼尔　这种的, 来一杯吧。

3. 바에서 주문받는 상황에 대해 영어 또는 중국어로 대화를 만들고 연습해 보세요.

UNIT **17**

룸 서비스

핵심 구문 익히기 ▸

• 아래 한국어를 영어 또는 중국어로 써보세요.

1. 룸 서비스로 조식을 주문하려고 하는데요.

1) 영 어 ______________________________

2) 중국어 ______________________________

2. 주문하신 샌드위치는 현재 저희 호텔에는 없습니다.

1) 영 어 ______________________________

2) 중국어 ______________________________

3. 그러면 준비가 가능한지 주방에 알아보도록 하겠습니다.

1) 영 어 ______________________________

2) 중국어 ______________________________

4. 저희 주방에서 가능하다고 하는군요.

1) 영 어 ______________________________

2) 중국어 ______________________________

5. 7시 30분까지 가져다주실 수 있나요?

1) 영 어 ______________________________

2) 중국어 ______________________________

회화 ▸ 전화로 조식 주문받기

Operator　Good morning, Mr. Daniel Williams.
How may I help you?

酒店总机员　威廉斯丹尼尔先生, 您好? 您需要什么帮忙?
wēiliánsī dānníěr xiānsheng, nín hǎo? nín xūyào shénme bāngmáng?

Daniel　I want to order breakfast via room service.

丹尼尔　可以在房间用早餐吗?
kěyǐ zài fángjiān yòng zǎocān ma?

Operator　What would you like to order?

酒店总机员　可以, 请您说一下菜品和份数。
kěyǐ, qǐng nín shuō yíxià càipǐn hé fènshù.

Daniel　One coffee, one orange juice, 2 portions of cornflake and one muffin, please. I will add a mutton sandwich.

丹尼尔　来两份玉米片和一个玛芬蛋糕, 还有一杯咖啡和一杯橙汁。
lái liǎng fèn yùmǐpiàn hé yí ge mǎfēn dàngāo, háiyǒu yì bēi kāfēi hé yì bēi chéngzhī.

对了, 再给我一个羊肉三明治吧。
duì le, zài gěi wǒ yí ge yángròu sānmíngzhì ba.

Operator　Sorry! The mutton sandwich you ordered now is not in the hotel restaurant. but I will ask the kitchen to prepare it for you.

酒店总机员　不好意思, 我们菜单上虽然没有羊肉三明治, 但能否
bùhǎoyìsī, wǒmen càidānshang suīrán méi yǒu yángròu sānmíngzhì, dàn néngfǒu

现做, 我现在马上就询问一下厨师长。
xiàn zuò, wǒ xiànzài mǎshàng jiù xúnwèn yíxià chúshīzhǎng.

The kitchen said they will prepare a mutton sandwich for you.

威廉斯丹尼尔先生, 他们说可以做那个羊肉三明治。
wēiliánsī dānníěr xiānsheng, tāmen shuō kěyǐ zuò nà ge yángròu sānmíngzhì.

Daniel　Can you bring it until 7:30?

丹尼尔　可以到7点半送来吗?
kěyǐ dào qī diǎn bàn sòng lái ma?

Operator	Yes, our staff will bring it until 7:30. Thank you for ordering.
酒店总机员	可以，我们服务员会在7点半准时送到。谢谢您的订餐。 kěyǐ, wǒmen fúwùyuán huì zài qī diǎn bàn zhǔnshí sòng dào. xièxie nín de dìngcān.

(After a while / 过了一会儿)

Staff	Excuse me, this is room service. I brought the meal you ordered.
服务员	这是您的订餐。请问可以进房间吗? zhè shì nín de dìngcān. qǐngwèn kěyǐ jìn fángjiān ma?
Daniel	OK, come in.
丹尼尔	好，请进。 hǎo, qǐng jìn.
Staff	Where would you like this food placed?
服务员	请问您想在哪个位置用餐? qǐngwèn nín xiǎng zài nǎ ge wèizhì yòngcān?
Daniel	Put it on the table over there, please.
丹尼尔	放到那边的桌子上吧。 fàng dào nàbiān de zhuōzishang ba.
Staff	Sign here, please. Enjoy your meal.
服务员	请这儿签名一下。祝你们用餐愉快! qǐng zhèr qiānmíng yíxià. zhù nǐmen yòngcān yúkuài!

새단어

ENGLISH
- staff _ 직원
- portion _ (음식의) 1인분
- add _ 추가하다
- mutton _ 양고기

汉 语
- 早餐 _ zǎocān _ 명 아침식사
- 菜品 _ càipǐn _ 명 요리
- 玉米片 _ yùmǐpiàn _ 명 콘플레이크
- 玛芬蛋糕 _ mǎfēn dàngāo _ 명 머핀
- 三明治 _ sānmíngzhì _ 명 샌드위치
- 客房服务 _ kèfángfúwù _ 명 룸 서비스
- 送餐 _ sòngcān _ 명 배달

문법 & 어휘 익히기 ▸

1. I will ask + 목적어 + to-부정사구: ~에게 ~가 가능한지 물어보겠습니다.

but *I will ask* the kitchen *to prepare* it for you.
하지만 준비가 가능한지 주방에 알아브도록 하겠습니다.

'I will ask + 목적어 + to-부정사구'는 '~에게 ~가 가능한지 물어보겠습니다.'라는 의미로 다음과 같이 목적어와 to-부정사를 다양하게 바꾸어 표현할 수 있다.

(1) I will ask my manager to give a discount for this situation.
(저희 지배인에게 할인이 가능한지 물어보겠습니다.)

(2) I will ask another guest to exchange his/her seat.
(다른 손님에게 좌석을 바꿀 수 있는지 물어보겠습니다.)

2. The kitchen said + (that)-절: 주방에서 ~라고 하는군요.

The kitchen said they will prepare a mutton sandwich for you.
윌리엄스 데니얼 씨 저희 주방에서 양고기 샌드위치가 가능하다고 하는군요.

'The kitchen said + (that)-절'은 '주방에서 ~라고 하는군요.'의 의미를 나타내며 사물 주어와 say 동사가 같이 쓰였다는 것에 주의해야 하는 표현이다. 다음과 같이 kitchen 대신에 newspaper 혹은 weather forecast 등으로 바꾸어 응용할 수 있다.

(1) The Newspaper said there is a beautiful beach to visit in Busan, Korean.
(신문에 한국 부산에 한번 가볼 만한 아름다운 해변이 있다고 쓰였던데요.)

(2) The weather forecast said tomorrow will be fine in Seoul.
(일기예보에서 내일 서울 날씨가 맑을 것이라 하는군요.)

1. 동량사: '一下'

请您说一下菜品和份数。
주문하실 음식과 수량을 말씀해주세요.

'一下'는 다양한 의미로 쓰이는데 주로 '잠시', '잠깐'이란 뜻의 양사로 지속의 의미를 갖는 동사의 보어로 사용되어 '좀 ~해보다.'라는 의미로 쓰인다. 또 '한 번', '1회'라는 의미의 동량사로 쓰이기도 하며, 부사로 '돌연', '일시'라는 뜻으로 짧은 시간을 나타낼 때 쓰기도 한다.

(1) 那我可以先去整理一下再回来办手续吗?(좀 ~하다.)

(2) 让我查一下6点的飞机还有没有座位。(한 번)

2. 가정용법: '虽然~但(是)'

我们菜单上虽然没有羊肉三明治，但能否现做，
我现在马上就询问一下厨师长。
저희 메뉴에 양고기 샌드위치는 없지만 지금 만들 수 있는지,
제가 즉시 주방장에게 물어보도록 하겠습니다.

'虽然~但是'는 '비록 ~하지만, 그러나~'의 의미로 전환관계를 나타낼 때 쓴다. '但是' 뒤의 문장은 주로 어떤 일이나 상황이 예측 혹은 상식과 상반됨을 강조하여 쓴다. '虽然'은 주어의 앞뒤에 올 수 있지만, '但是'는 항상 두 번째 문장의 처음에 온다. '虽然~不过'로 쓰이기도 한다.

(1) 他们是同事，但是他们不太熟悉。

(2) 虽然工作很紧张，但是我觉得很充实。

熟悉 [shúxī] 잘 알다
紧张 [jǐnzhāng] 바쁘다
充实 [chōngshí] 알차다

연습문제 ▸

1. 단어 혹은 구문 활용하여 영어 또는 중국어 문장을 만드세요.

1) I will ask + 목적어 + to-부정사구

➡ ______________________________

2) The kitchen said + (that)-절

➡ ______________________________

3) 准时

➡ ______________________________

4) 虽然 ~ 但是

➡ ______________________________

5) 一下(동량사)

➡ ______________________________

2. 빈칸에 알맞은 단어를 넣어 대화문을 완성하세요.

Daniel	I want to ( ) breakfast ( ) room service.
丹尼尔	( )在房间用早餐吗?
Operator	What ( ) you like to order?
酒店总机员	请您说一下( )和份数。
Daniel	One coffee, one orange juice, 2 ( ) of cornflakes please. I will ( ) a mutton sandwich.
丹尼尔	来一杯咖啡和一倍橙汁，还有两份玉米片。对了，( )给一个羊肉三明治。

Operator Sorry! The mutton sandwich you ( ) now is not in the hotel restaurant. but I will ( ) the kitchen to ( ) it for you.

酒店总机员 不好意思, 我们菜单上( )没有羊肉三明治, ( )能否现做, 我现在马上就( )一下厨师长。

The kitchen said they will prepare a mutton sandwich for you.

威廉斯丹尼尔先生, 他们说( )做那个羊肉三明治。

Daniel Can you bring it ( ) 7:30?

丹尼尔 可以到7点半( )吗?

Operator Yes, our staff will ( ) it until 7:30. Thank you for ordering.

酒店总机员 可以, 我们服务员会在7点半( )送到。谢谢您的( )。

(After a while / 过了一会儿)

Staff Excuse me, ( ) is room service. I brought the ( ) you ordered.

服务员 这是您的( )。请问可以进房间吗?

Daniel OK, come in.

丹尼尔 好, 请进。

Staff Where would you like this food ( )?

服务员 请问您想在( )位置( )?

Daniel Put it ( ) the table over there, please.

丹尼尔 ( )那边的桌子上吧。

Staff Sign here, please. ( ) your meal.

服务员 请这儿签名吧。祝你们用餐愉快!

3. 조식을 주문받는 상황에 대해 영어 또는 중국어로 대화를 만들고 연습해 보세요.

TIP 식음료 부문 서비스

식음료 서비스 태도

1. 식음료 파트에서 요리나 음료를 주문받을 때, 사전에 요리나 음료에 대하여 잘 숙지하고 있어야 고객이 요리나 음료 추천받기를 원하는 경우 혹은 손님의 질문에 잘 응대할 수 있다(외국어연구보급처 편(1993), 『호텔 레스토랑 영어회화입문』, 명지출판사).

2. 주문받을 때는 손님의 의향을 정확히 파악해야 한다. 손님의 의향을 묻기 위해서는 영어 'Do you want/What do you want~'보다는 'Would you like to~/What would you like to~' 등의 표현을 사용하는 것이 공손하다(외국어연구보급처 편(1993), 『호텔 레스토랑 영어회화입문』, 명지출판사).

3. 호텔은 영어를 모국어로 하는 사람뿐만 아니라 영어가 모국어가 아닌 사람이 체류하는 경우가 더 많다. 영어가 모국어가 아닌 고객이 영어를 쓰는 경우에는 알아들을 수 없을 때도 있다. 이런 경우에는 당황하지 말고 "Could you repeat that, please?" 혹은 "Could you speak more slowly, please"라고 하여 차분히 주문을 받는다. 중국어를 쓰는 손님의 경우에도 분명히 알아듣지 못했을 경우 "没听清楚，再说一边，好吗?" 혹은 "请慢慢再说一边，好吗?"라고 다시 물어보도록 한다.

4. 바 카운터에는 혼자 오는 손님도 많다. 그런 경우에 고객과 말 상대가 되어주면서 고객과의 친밀도를 높일 수 있다. 단, 말을 걸지 않는 편이 좋을 때도 있으므로 주의해야 한다. 편안한 분위기를 유지하는 것은 좋지만 항상 적당한 거리를 유지하는 범위에서 대화를 유도하여야 한다. 고객의 이름과 선호하는 술을 기억한다면 고객과의 유대감을 높일 수 있다(가와나 유키오 지음(2010), 『제국호텔 전통의 서비스』, 리드리드출판).

Part 3

관리 부문(마케팅부서)

M&E Department(marketing team) _ 管理系统(营销部)

Part 3에서는 호텔 백오피스 부분인 관리 부문 중 마케팅부서와 관련된 상황 회화를 통해 호텔 객실 판매 및 홍보 등에 대해 알아보고 관련 표현을 배워보겠다.

UNIT 18

고객과의 이메일 1

핵심 구문 익히기 ▸

• **아래 한국어를 영어 또는 중국어로 써보세요.**

1. 지난번 부산 국제관광페스티벌에서 귀사의 인센티브 관광프로그램에 관한 팸플릿을 보게 되었습니다.

1) 영 어 ______________________________

2) 중국어 ______________________________

2. 마침 저희 회사에서 5월에 인센티브 관광을 할 예정입니다.

1) 영 어 ______________________________

2) 중국어 ______________________________

3. 3박 4일간 호텔에 머물며 첫째 날 오후에 회의를 할 것입니다.

1) 영 어 ______________________________

2) 중국어 ______________________________

4. 조식을 포함한 더블룸 사용료에 대해 견적서를 보내주십시오.

1) 영 어 ______________________________

2) 중국어 ______________________________

5. 빠른 답변 주시면 감사하겠습니다.

1) 영 어 ______________________________

2) 중국어 ______________________________

독해 ▸ 신규 고객의 이메일 문의

To : Andrewwilson@bfashion.com
Date : March 15, 15:33 P.M.
From : g2yingshaobu@ganggfandian.com
Subject : Incentive Tourism Inquiry

To whom it may concern,

This is Andrew Wilson working in B Fashion Company. We saw your hotel pamphlet about the incentive tourism program at the Busan International Tourism Festival. As it happens, my company is having an incentive tourism this May. That's the reason I'm contacting you now.

Our company is going to have an incentive tourism for 3 nights and 4 days from May 10th. Our expected members will be 100. During our stay, on the 1st day we will be having a conference in the evening and on the last day we will be having a dinner party. Please prepare the refreshments on the first day and on the last day prepare the buffet for our members.

Could you kindly provide a quotation for our member's double room payments including breakfast and the banquet hall usage.

Your speedy reply will be highly appreciated.

Sincerely yours,

Andrew Wilson

새단어

ENGLISH incentive tourism _ 포상관광
expected member _ 예상인원
quotation _ 견적서
appreciate _ 감사하다

发信人 : Andrewwilson@bfashion.com
日期 : 2016年3月16日 15:33
收信人 : g2yingshaobu@ganggfandian.com
主题 : 关于奖励旅游

敬启者:

我是B服装公司的总务部部长安德鲁威尔逊。

上次我们参加了在釜山国际观光博览会，看了贵公司的奖励旅游小册子。我们公司正好考虑在5月分去奖励旅游，而把这封电子邮件发给你们。

我们公司打算去从5月10日开始4天3夜的奖励旅游。参加人员大约有100名左右，在酒店住了4天3夜。第一天下午要开会，最后一天晚上想要举行晚会，而我们需要第一天开会时吃的茶点和最后一天的晚餐。为此，请将双人间包含早餐的价格以及第一天的会议室的租借费和茶点费，还有最后一天的晚会费用的报价单发给我。

请您尽快盼复，我们将不胜感激。

B服装公司总务部部长 安德鲁.威尔逊

새단어

汉语

- 服装 _ fúzhuāng _ 명 의상, 의류
- 总务部 _ zǒngwùbù _ 명 총무부
- 敬启者 _ jìngqǐzhě _ 명 담당자께
- 奖励旅游 _ jiǎnglì lǚyóu _ 명 인센티브 관광
- 正好 _ zhènghǎo _ 부 마침
- 考虑 _ kǎolǜ _ 동 ~할 계획이다
- 举行 _ jǔxíng _ 동 거행하다
- 晚会 _ wǎnhuì _ 명 이브닝 파티
- 茶点 _ chádiǎn _ 명 다과
- 租借费 _ zūjièfèi _ 명 대여료
- 尽快 _ jǐnkuài _ 부 되도록 빨리
- 不胜感激 _ búshènggǎnjī _ 감사해 마지않다

문법 & 어휘 익히기 ▸

1. As it happens: 때마침

As it happens, my company is having an incentive tourism this May.
마침 저희 회사에서 5월에 포상관광을 할 예정입니다.

'As it happens' 구문은 '때마침'의 표현으로 동시에 어떤 일이 발생할 때 쓸 수 있는 표현이다.

(1) As it happens, this hotel has the best chef in town.
(때마침, 이 호텔은 타운에서 최고의 주방장을 데리고 있습니다.)

(2) As it happens, luckly this hotel has the biggest swimming pool in town.
(마침, 운 좋게도 이 호텔은 타운에서 가장 큰 수영장이 있습니다.)

2. will be + 동사-ing: ~할 예정입니다.

On the last day we *will be having* a dinner party.
마지막 날에는 저녁 연회를 할 예정입니다.

'will be + 동사-ing' 구문은 '~할 예정입니다.'라는 예정된 미래 일을 나타낼 때 사용하는 표현이다.

(1) We will be having a big promotion this month.
(이번 달에는 특별판촉행사가 있을 예정입니다.)

(2) On New Year holiday, we will be having a fire work.
(새해 연휴에는 불꽃놀이를 할 예정입니다.)

1. 서신 표제: ~에 관한 건

> **<u>关于</u>奖励旅游**
> 인센티브 관광에 관하여

서신의 첫머리는 표제, 시작말, 인사말(계절, 축하 감사 등) 등으로 구성된다. 이 부분은 문서 전체에서 가장 의례적인 부분으로 관용표현이 대체적으로 정해져 있다. 이 중 표제는 타이틀로 문서의 내용과 목적을 상대방에게 빨리 이해시키기 위해 짧고 간단하게 적는다. 한국어로는 '~에 관한 건', '~에 대하여' 등으로 쓰며, 의례적인 사교 문서와 개인 서신에는 거의 쓰지 않는다.

(1) <u>关于</u>合资经营<u>一事</u>。

(2) <u>关于</u>信用证未到<u>事宜</u>。

合资经营 [hézījīngyíng] 합자 경영
信用证 [xìnyòngzhèng] 신용장
事宜 [shìyí] (관련된) 일

2. 끝맺음말

> **请您尽快盼复，我们将不胜感激。**
> **빠른 답신 바라며, 감사합니다.**

끝맺음에서는 내용을 요약하거나, 상대방의 건강 및 사업의 번성 등을 기원하는 인사 그리고 이후 거래에 관한 인사 등으로 끝을 맺는다.

(1) 以上拜托您了。

(2) 首先表示谢意，并予以告知。

(3) 望回复为盼。

(4) 今后请多关照。

(5) 祝您更加健康。

(6) 敬祝身体健康，事业发展。

拜托 [bàituō] 삼가 바랍니다
予以 [yǔyǐ] ~을 주다
回复 [huífù] 회신하다
为盼 [wéipàn] 희망하다
关照 [guānzhào] 보살피다

연습문제 ▸

1. 단어 혹은 구문을 활용하여 영어 또는 중국어 문장을 만드세요.

1) As it happens, ~

➡ ______________________________

2) will be + 동사-ing

➡ ______________________________

3) 关于

➡ ______________________________

4) 正好

➡ ______________________________

5) 尽快

➡ ______________________________

2. 빈칸에 알맞은 단어를 넣어 문장을 완성하세요.

1) As it ( ), my company is having an incentive tourism this May.

2) Our ( ) members will be 100.

3) This is Andrew Wilson ( ) in B Fashion Company.

4) 上次我们( )了在釜山国际观光博览会, ( )了贵公司的奖励旅游小册子。

5) 我们公司( )去奖励旅游。( )人员大约有100名( )。

6) 为此, 请( )双人间( )早餐的报价单( )我。

3. 앞의 본문 내용을 참고하여 영어 또는 중국어로 견적을 문의하는 내용의 대화를 만들고 연습해 보세요.

UNIT 19

고객과의 이메일 2

핵심 구문 익히기 ▸

• **아래 한국어를 영어 또는 중국어로 써보세요.**

1. 귀사에서 문의하신 메일 내용에 따라 다음과 같이 답변드립니다.

1) 영 어 ______________________

2) 중국어 ______________________

2. A코스는 다양한 한식 요리들이 제공됩니다.

1) 영 어 ______________________

2) 중국어 ______________________

3. 상세한 메뉴는 첨부파일을 확인해 주십시오.

1) 영 어 ______________________

2) 중국어 ______________________

4. 해당 가격은 봉사료, 세금이 포함된 가격입니다.

1) 영 어 ______________________

2) 중국어 ______________________

5. 저희는 연회 B코스를 하기로 결정했습니다.

1) 영 어 ______________________

2) 중국어 ______________________

독해 ▸ 고객 문의에 대한 견적서와 최종확인서 보내기

1. 견적서(Quotation)

Dear Mr. Wilson

We'd like to thank you for asking about our incentive tourism program at our hotel. I am now replying to your inquiry on March 15th, 2016 as follows:

NO. 201603161

Quotation

	Type	Number of people	Each	Price per day (won)	Total (won)
Room including breakfast	Double room	100	50	240,000	12,000,000
Banquet hall fee	Big hall	100	1	500,000	500,000
Refreshments grand	A Type	100	100	7,500	750,000
Banquet buffet	A	100	100	35,000	3,500,000
	B	100	100	32,000	3,200,000
Choosing banquet buffet A					27,500,000
Choosing banquet buffet B					27,200,000

Refreshments will be coffee & tea for beverage and canapes & rice cakes for snack. Our hotel's dinner party will be 2 types of buffet. A course is a regular course so it provides stake, fish and various Korean dishes. B course is special course with seafood. It mainly provides various seafood and Dim sum etc.

Please see more detailed menu with the attached file. After reading the quote above, please choose one buffet style and give me a firm then we can give a final form. Again, thank you for your inquiry. If you have any inquiry, please contact us at any time.

Faithfully yours,

John Smith
Marketing manager of G&G Hotel

Enclosure: information on menu

2. 최종확인서(Final confirmation)

Dear Mr. Smith,

I got the quotation you sent to me on March 3th. Thank you for your kind reply. We decided to choose the B course buffet type, so send me final quotation with this option.

Sincerely,

Andrew Wilson
Manager of B Fashion Company

새단어

ENGLISH

inquiry _ 문의

reply _ 답변하다

refreshments _ 다과

1. 견적서(报价单)

安德鲁.威尔逊 部长:

非常感谢贵公司对我方奖励旅游的支持。关于3月15日贵公司来函内容，我方报价如下:

NO. 201603161

报价单

	种类	人员	数量	单价 (一天/韩币)	总额(韩币)
住宿加早餐	双人间	100	50	240,000	12,000,000
宴会厅租借费	宴会厅 (大)	100	1	500,000	500,000
茶点 价格	A Type	100	100	7,500	750,000
冷餐会价格	A	100	100	35,000	3,500,000
	B	100	100	32,000	3,200,000
冷餐会 A 价格					27,500,000
冷餐会 B 价格					27,200,000

茶点里提供的饮料有咖啡和绿茶，点心有开那批和三色丸子。我们酒店的自助餐分为韩西自助餐A和日中自助餐B。韩西自助餐A提供牛排及鱼生片，还有各种各样的韩国菜等。日中自助餐B提供龙虾料理及各种各样的海鲜料理，还有广东点心等。想知详细的菜单，请把附件参考一下。上面的报价单上价格包括服务费和附加税。

如到3月20日选择自助餐的种类，再发回给我，我方将下最终报价单。

表示谢意，若有疑问，请随时与我联络。

G&G酒店营销部部长 约翰.斯密

2. 최종확인서(最后确认)

G&G酒店营销部负责人:

贵方3月16日发来的报价单已收到。十分感谢详细的答复。我方决定冷餐会B了。凭冷餐会B的价格，把报价单发给我。

祝您过愉快的一天。

B 服装公司总务部部长 安德鲁.威尔逊

새단어

汉 语

支持 _ zhīchí _ 동 지지하다

来函 _ láihán _ 동 서신을 보내오다

报价 _ bàojià _ 명 동 오퍼, 가격을 제시하다

龙虾 _ lóngxiā _ 명 바닷가재

冷餐会 _ lěngcānhuì _ 명 뷔페식 연회

开那批 _ kāinàpī _ 명 카나페

문법 & 어휘 익히기 ▸

1. got ~: ~를 받았다.

I *got* the quotation you sent to me on March 15th.
3월 15일에 보내주신 견적서 잘 받았습니다.

'got ~'는 '~를 받았다.'라는 의미이며, 날짜 등이 부가되어 쓰이는데 날짜는 보통 '달 + 서수'로 쓰인다. 다음과 같이 날짜 대신에 last week/month/day 등으로 다양하게 응용할 수 있다. quotation는 estimate로 바꾸어 쓸 수 있다.

(1) I got the quotation you sent to me last week.
(지난주에 보내주신 견적서를 잘 받았습니다.)

(2) I got the estimate you sent to me on May 3rd.
(5월 3일에 보내주신 견적서를 잘 받아보았습니다.)

2. a more detailed menu: 더 상세한 메뉴

Please see *a more detailed menu* with the attached file.
더 상세한 메뉴는 첨부파일을 확인해 주십시오.

'a more detailed menu' 구문은 '더 상세한 메뉴'라는 의미이며, 다음과 같이 menu 대신에 information, schedule 등으로 바꾸어 실용적인 문장으로 표현할 수 있다.

(1) Please see a more detailed information about our policy for this hotel.
(저희 호텔에 관한 더 상세한 정보를 확인해 주십시오.)

(2) Please visit our front desk for a more detailed restaurant menu.
(레스토랑 메뉴에 관한 더 상세한 정보는 프런트 데스크에서 확인해 주십시오.)

(3) Please see a more detailed schedule with our front desk manager.
(더 상세한 스케줄은 저희 프런트 데스크 매니저에게 확인해 주십시오.)

1. '关于'와 '对于'의 차이점

<u>关于</u>3月15日贵公司来函内容，我方报价如下。
3월 15일 귀사에서 보내신 내용에 따라 우리의 견적서는 다음과 같습니다.

전치사 '关于'는 '~에 관해서'라는 의미로 '关于 + 범위/내용'의 형태로 쓰인다. '关于'와 '对于'의 차이점은 '关于'는 주로 연관되었거나 언급된 사물에 대해 쓰이고 '对于'는 대상을 가리킨다.

(1) 我看了不少<u>关于</u>酒店经营的书籍。

(2) <u>对于</u>酒店服务员来说，最重要的态度就是亲切。

2. 답메일의 첫 문장

贵方3月16日发来的报价单已收到。
귀사에서 3월 16일에 보내신 견적서는 이미 받았습니다.

상대방의 메일에 대한 답을 할 때에도 메일의 주제나 전제를 처음부터 말하는 것이 일반적이다. 메일을 잘 받았을 경우, 답장이 늦어진 경우 등에 대해 다음과 같이 표현할 수 있다.

(1) 谢谢您的回复。

(2) 谢谢您的询问邮件。

(3) 我已收到贵方5月10日关于会议日程的电子邮件。

(4) 真对不起。因为我到外地出差，好几天不在办公室，没能快速回复您。

연습문제 ▸

1. 단어 혹은 구문을 활용하여 영어 또는 중국어 둔장을 만드세요.

1) got ~

➡ ______________________________

2) a more detailed menu

➡ ______________________________

3) 表示

➡ ______________________________

4) 关于

➡ ______________________________

5) 对于

➡ ______________________________

2. 빈칸에 알맞은 단어를 넣어 문장을 완성하세요.

1) I am now replying to your (   ) on March 15th.

2) Please see more (   ) menu with the attached file.

3) I (   ) the quotation you (   ) to me on March 3th.

4) (   )3月15日贵公司来函内容, 我方报价(   )。

5) 贵方3月16日(   )的报价单已收到。

6) 上面的报价单上价格(   )服务费和附加税。

3. 위의 본문 내용을 참고하여 견적을 문의하고 답변하는 상황에 대해 영어 또는 중국어로 대화를 만들고 연습해 보세요.

UNIT 20

우편을 이용한 판매촉진활동

핵심 구문 익히기 ▸

• **아래 한국어를 영어 또는 중국어로 써보세요.**

1. 본 점 회원 멤버십 카드에 특별혜택이 있어 알려드리려 합니다.

1) 영 어 ____________________

2) 중국어 ____________________

2. 회원카드를 사용하시면 두 배로 포인트를 적립하실 수 있습니다.

1) 영 어 ____________________

2) 중국어 ____________________

3. 수영장이나 미용실 이용도 포함되어 적립되며, 횟수에 제한이 없습니다.

1) 영 어 ____________________

2) 중국어 ____________________

4. 고객께서는 상품권으로 무료로 스파를 이용하시거나 식사를 한번 하실 수 있습니다.

1) 영 어 ____________________

2) 중국어 ____________________

5. 더 유리한 서비스와 더 나은 혜택을 누리실 수 있을 것입니다.

1) 영 어 ____________________

2) 중국어 ____________________

독해 ▸ 기존 고객에게 우편으로 판촉행사 안내하기

Dear Mr. Williams,

Our hotel informs you there is a special promotion with your membership card. If you use the membership card during this promotion period, you can get 30% off and save double points. This promotion applies with the swimming pool and beauty salon and you can use it with no limitation.

Also, if you spend over ₩1,000,000, we provide a gift certificate card that you can use at the spa or for meals for free. Using this promotion gives you premium service.

John Smith
Marketing manager of G&G Hotel

새단어

ENGLISH

- promotion _ 판매촉진(의 상품)
- beauty salon _ 미용실
- gift certification _ 상품권
- provide _ 제공하다

丹尼尔先生:

通知您在我们酒店将举行本店会员卡优惠活动。

这次期间使用会员卡，不仅可以得到赠送双倍积分，并且凭此卡可享受打七折优惠，包括游泳、美容美发，不限次数。与此同时，使用100万元以上的顾客赠送一张代金券，可凭此券免费使用水疗中心或者餐一次。

趁这次机会，您会得到更有利的服务，以及更大的优惠。

G&G酒店营销部部长 约翰.斯密

새단어

汉 语

优惠活动 _ yōuhuì huódòng _ 할인행사

积分 _ jīfēn _ 명 누적 점수

凭 _ píng _ 개 ~에 따라

与此同时 _ yǔcǐtóngshí _ 이와 동시에

趁 _ chèn _ 개 (시간, 기회를) 이용하여

문법 & 어휘 익히기 ▸

1. inform + 목적어 + (that)-절: ~에게 ~를 알리다.

Our hotel *informs* you there is a special promotion with your membership card.
본 점 회원 멤버십 카드에 특별혜택이 있어 알려드리려고 합니다.

'inform + 목적어 + (that)-절' 구문은 '~에게 ~를 알리다.'라는 의미로 that-절의 that이 생략되어 쓰이기도 한다.

(1) Our hotel want to inform you (that) there is a 20% discount at our restaurant from 1 pm to 3 pm.
(오후 1시에서 3시 사이에 식당에서 20% 할인이 있어 알려드리려고 합니다.)

(2) We want to inform you (that) our elevators are under renovation.
(호텔 엘리베이터가 점검 중임을 알려드리려고 합니다.)

2. apply with: ~에 적용되다.

This promotion *applies with* the swimming pool and beauty salon.
이 행사는 수영장이나 미용실 이용에도 적용됩니다.

'apply with' 구문은 '~에 적용되다.'는 의미이다. 다음과 같이 상황에 따라 with 대신에 for를 쓰기도 한다.

(1) This promotion applies for the people over the age of 30.
(이 행사는 30세 이상인 분에게만 적용됩니다.)

(2) Children under the age of 10 can apply for a 20% discount at our swimming pool. (10살 이하 어린이들은 수영장에서 20% 할인혜택이 적용됩니다.)

1. '将'의 여러 가지 용법

我们酒店<u>将</u>举行本店会员卡的大优惠活动。
우리 호텔에서 본점 회원카드 할인혜택행사를 하려고 합니다.

'将'은 부사로 '~하게 될 것이다.'나 '~일 것이다.'라는 미래에 대한 판단을 나타낼 때 사용된다. 또 전치사로 사용되면 '~을', '~를'의 의미로 '把'처럼 목적어를 동사 앞에 전치시킬 때 쓰인다.

(1) 我想<u>将</u>几张明信片寄给在上海的朋友。(전치사)

(2) 他<u>将</u>在三天后离开北京去釜山。(부사)

2. '~에 근거하다.'는 의미의 전치사들

可凭此券免费使用水疗中心或者餐一次。
이번 상품권으로 스파 혹은 식사를 한번 무료로 이용하실 수 있습니다.

'~에 근거하다.'는 의미의 전치사로는 '按', '由', '凭', '据' 등이 있는데, 중국어에서 이들은 각각 다른 의미로 쓰인다.

'按'은 어떤 기준에 따른다는 뜻이며, '由'는 사실에 의지 혹은 근거하여 판단하거나 분석하는 것을 나타낸다. 또 '凭'은 주로 인간관계, 능력, 수준, 증거에 의지하거나 근거할 때 쓰며, '据'는 지리적 조건이나 이론적 우세함에 근거할 때 쓴다.

(1) <u>按</u>公司规定，我们不应该共同开发这个项目。

(2) <u>据</u>媒体报道，今年进出口率同期比10%增长。

(3) 小说的好坏要<u>由</u>广大的读者来评价。

项目 [xiàngmù] 프로젝트
媒体报道 [méitǐbàodào] 대중매체 보도

연습문제 ▸

1. 단어 혹은 구문 활용하여 영어 또는 중국어 문장을 만드세요.

1) inform + 목적어 + (that)-절

➡ ______________________________

2) apply with ~

➡ ______________________________

3) 将(부사)

➡ ______________________________

4) 凭

➡ ______________________________

5) 趁

➡ ______________________________

2. 빈칸에 알맞은 단어를 넣어 문장을 완성하세요.

1) Our hotel (　　　　) you (　　　) is a special promotion with your membership card.

2) This promotion (　　　　) with the swimming pool.

3) You can (　　　) 30% off and (　　　) double points.

4) (　　　)可以得到赠送双倍积分, (　　　)凭此卡可享受打七折优惠。

5) 可(　　　)此券免费使用水疗中心(　　　)餐一次。

6) (　　　)这次机会, 您会(　　　)更有利的服务, 以及更大的优惠。

3. 아래 내용을 영어 또는 중국어로 만들어보세요.

투숙기준	디럭스 성인 2인 - 13세 이하의 어린이의 경우 별도 요금 없이 객실당 2명까지 투숙 가능합니다. - 추가 인원 투숙 시 ***원이 부과되며, 성인의 경우 1인까지 가능합니다.
취소규정	예약 취소 및 일정 변경은 체크인 5일 전 18:00까지 가능하며, 이후 취소 및 변경은 1박 숙박요금이 부과되오니 이 점 유의하시기 바랍니다.
예　약	홈페이지 및 전화 예약 가능 문의 및 예약: 02-987-6532
기　타	* 세금 10% 및 봉사료 10% 별도 * 호텔 내 스파 부대시설은 매월 넷째 주 화요일 휴무입니다. 호텔 사정에 따라 변경될 수 있으니 예약 시 참고하시기 바랍니다.

UNIT 21

프레젠테이션 1

핵심 구문 익히기 ▸

• 아래 한국어를 영어 또는 중국어로 써보세요.

1. 바쁘신 가운데 시간 내어 참석해 주셔서 진심으로 감사드립니다.

1) 영　어 ______________________________

2) 중국어 ______________________________

2. 궁금한 것이 있으시면 발표하는 중에 언제든지 질문하셔도 됩니다.

1) 영　어 ______________________________

2) 중국어 ______________________________

3. 제가 여러분에게 저희 호텔의 기본적 상황을 간단히 설명해 드리겠습니다.

1) 영　어 ______________________________

2) 중국어 ______________________________

4. 저희 호텔은 1964년에 부산에서 설립되었습니다.

1) 영　어 ______________________________

2) 중국어 ______________________________

5. 우리 호텔은 규모가 점차 확대했으며, 인지도도 점차 높아졌습니다.

1) 영　어 ______________________________

2) 중국어 ______________________________

회화 ▸ 신규 고객에게 PPT로 호텔 홍보 1

Yu Ri Han Good morning, everyone. My name is Yu Ri Han.
I am the manager of Public Relation at the G&G Hotel.
I appreciate your time for today.

刘利韩 大家好！我是G&G酒店宣传部的部长刘利韩。衷心感谢
dàjiā hǎo! wǒ shì G&G jiǔdiàn xuānchuánbù de bùzhǎng liúlìhán. zhōngxīn gǎnxiè
在百忙之中抽出宝贵的时间参加本次发表。
zài bǎimáng zhīzhōng chōuchū bǎoguì de shíjiān cānjiā běn cì fābiǎo.

Please stop me any time for questions during my presentation.
在我发表的时候，各位有什么疑问的话，请随时提问。
zài wǒ fābiǎo de shíhòu, gèwèi yǒu shénme yíwèn dehuà, qǐng suíshí tíwèn.

I will address basic situation information about our hotel briefly.
现在开始我为大家简单地介绍一下我们酒店的基本情况。
xiànzài kāishǐ wǒ wéi dàjiā jiǎndāndi jièshào yíxià wǒmen jiǔdiàn de jīběn qíngkuàng.

Our hotel was founded in Busan in 1964, and in 1965 we opened this hotel to the public, so our hotel has a tradition of 50 years.
我们酒店成立于1964年在釜山，而在1965年正式开业了，
wǒmen jiǔdiàn chénglì yú yī jiǔ liù sì nián zài fǔshān, ěr zài yī jiǔ liù wǔ nián zhèngshì kāiyè le,
是有50年历史的传统酒店。
shì yǒu wǔshí nián lìshǐ de chuántǒng jiǔdiàn

Our hotel has been providing services to guests as part of the global service industry. Our hotel is expanding the scale little by little through the efforts and the hotel's recognition became high. Our hotel currently has 3,235 staff members and is found in 12 countries for the past 50 years.
我们酒店是全球服务业的领导者，长期以来致力于为顾客
wǒmen jiǔdiàn shì quánqiú fúwùyè de lǐngdǎozhě, chángqī yǐlái zhìlìyú wéi gùkè
提供优质服务。我们经过不懈的努力，规模逐步扩大，知名度
tígòng yōuzhì fúwù. wǒmen jīngguò búxiè de nǔlì, guīmó zhúbù kuòdà, zhīmíngdù
也越来越提高。现有3,285余名职员，截止于去年
yě yuèláiyuè tígāo. xiànyǒu sānqián èrbǎi bāshíwǔ yúmíng zhíyuán, jiézhǐyú qùnián
年底在12个国家拥有酒店。
niándǐ zài shíèr ge guójiā yōngyǒu jiǔdiàn.

This is the basic information of our hotel. Thank you for listening.
基本情况我就介绍到这儿。谢谢大家。
jīběn qíngkuàng wǒ jiù jièshào dào zhèr. xièxie dàjiā.

새단어

ENGLISH

address _ 이야기하다
briefly _ 간략하게
found _ 설립하다
currently _ 현재는

汉 语

宣传部 _ xuānchuánbù _ 명 홍보부
衷心 _ zhōngxīn _ 형 진심
百忙 _ bǎimáng _ 형 매우 바쁘다
抽出 _ chōuchū _ 동 빼다
宝贵 _ bǎoguì _ 형 소중히 하다
疑问 _ yíwèn _ 명 의문
提问 _ tíwèn _ 명 동 질문(하다)
成立 _ chénglì _ 동 창립하다
开业 _ kāiyè _ 동 개업하다
不懈 _ búxiè _ 형 꾸준하다
截止 _ jiézhǐ _ 동 일단락짓다
致力于 _ zhìlìyú _ (어떤 일을 하거나 이루기 위해) 애쓰다, 힘쓰다

문법 & 어휘 익히기 ▸

1. I'm the + 직책 + of + 근무파트 + at + 회사이름: 저는 ~의 ~파트에서 근무하는 ~입니다.

I am the manager *of* Public Relation *at* the G&G Hotel.
저는 G&G 호텔 홍보부 팀장입니다.

'I'm the + 직책 + of + 근무파트 + at + 회사이름' 구문은 '저는 ~의 ~파트에서 근무하는 ~입니다.'라는 의미이며, 전화나 프레젠테이션에서 자기소개를 할 때 사용할 수 있는 표현이다.

(1) I am the head chef of the Chinese restaurant at the G&G hotel.
(저는 G&G 호텔 중식당에서 근무하는 주방장입니다.)

(2) I am the manger of B&F department at the G&G hotel.
(저는 G&G 호텔 식음료 파트를 맡고 있는 매니저입니다.)

2. a tradition of + 명사구: ~ 전통이 있는

Our hotel has *a tradition of* 50 years.
50년의 전통이 있는 호텔입니다.

'a tradition of + 명사구' 구문은 '~ 전통이 있는' 의미이며, 다음과 같이 명사구를 바꾸어 다양하게 표현할 수 있다.

(1) Our hotel has a tradition of excellence.
(저희 호텔은 최고의 명성을 가진 호텔입니다.)

(2) Our hotel has a tradition of money back guarantee if you are not satisfied.
(저희 호텔은 만족스럽지 않을 때는 환불을 약속하는 전통이 있습니다.)

1. 점층관계: '而且 ~ 也'

规模逐步扩大，<u>而且</u>知名度<u>也</u>越来越提高。
규모가 점차 확대되었을 뿐 아니라, 인지도도 점점 더 높아지게 되었습니다.

'而且'는 '게다가', '뿐만 아니라', '또한'이라는 뜻으로 사용되는 접속사로 뒤의 의미가 앞의 의미보다 점점 더 깊어짐을 나타내는 점층관계에 자주 사용된다. '而且'는 앞에 '不但'이나 '不仅' 등과 호응하여 '不但/不仅A~, 并且B~'의 형태로도 자주 사용되는데, 이때 의미는 'A할 뿐만 아니라, 게다가 B하기까지 하다.'이다.

(1) 改革开放以来，中国经济水平快速发展，<u>而且</u>老百姓的生活<u>也</u>不断提高。

(2) 那家饭店<u>不但</u>环境不错，<u>而且</u>服务<u>也</u>好。

2. 동사: '截止'와 '截至'

<u>截止</u>于去年年底在12个国家拥有酒店。
작년 연말까지 12개 국가에 호텔이 진출했습니다.

'截止'는 '마감하다.', '일단락짓다.'라는 의미의 동사로 어느 시간까지 마감한다는 의미로 '为止'와 함께 호응하여 사용되기도 한다. 바꿔 쓸 수 있는 말로 '(시간적으로) ~까지 마감이다.' 의미의 '截至'라는 동사가 있다. 그러나 둘의 사용은 약간 다른데, 의미상으로 '截止'는 끝내는 것을 강조할 때, '截至'는 마감시간을 강조할 때 사용한다. 또 형태에 있어서도 '截至'는 기간을 바로 붙여 '截至 + 기간'으로 쓸 수 있지만 '截止'는 '截至 + 于 + 기간' 혹은 '截至 + 기간 + 为止'와 같이 써야 한다.

(1) <u>截止</u>昨天下午5点<u>为止</u>，报名人数已经超过了30万人。

(2) <u>截至</u>今年8月底，上海已批准外资企业8,000多家。

연습문제 ▸

1. 단어 혹은 구문을 활용하여 영어 또는 중국어 문장을 만드세요.

1) I'm the + 직책 + of + 근무파트 + at + 회사이름

➡ ______________________________

2) a tradition of ~

➡ ______________________________

3) 截止

➡ ______________________________

4) 截至

➡ ______________________________

5) 而且 ~ 也

➡ ______________________________

2. 빈칸에 알맞은 단어를 넣어 아래 문장을 완성하세요.

Yu Ri Han Good morning, everyone. My name is Yu Ri Han.
I am the (   ) of Public Relation (   ) the G&G Hotel.
I (   ) your time for today.

刘利韩 大家好! 我是G&G酒店宣传部的部长刘利韩。衷心感谢在百忙之中(   )宝贵的时间(   )本次发表。

Please (   ) me any time for questions (   ) my presentation.
在我发表的时候, 各位有什么(   )的话, 请随时提问。

I will (   ) basic situation information about our hotel (   ).
现在开始我为大家简单地介绍一下我们酒店的基本情况。

Our hotel was (   ) in Busan in 1964, and in 1965 we opened this hotel to the (   ), so our hotel has a (   ) of 50 years.
我们酒店(   )1964年在釜山, 而在1965年正式(   )了, 是有50年历史的传统酒店。

Our hotel has been (   ) services to guests as part of the global service (   ). Our hotel is expanding the scale little by little through the efforts and the hotel's (   ) became high. Our hotel (   ) has 3,235 staff members and is found in 12 countries for the (   ) 50 years.
我们酒店是全球服务业的领导者, 长期以来(   )为顾客(   )优质服务。我们(   )不懈的努力, 规模(   )扩大, 知名度也越来越提高。现有3,285余名职员, 截止于去年年底在12个国家拥有酒店。

3. 호텔 영업과 관련하여 프레젠테이션 서론부분을 영어 또는 중국어로 만들고 연습해 보세요.

UNIT 22

프레젠테이션 2

핵심 구문 익히기 ▸

• **아래 한국어를 영어 또는 중국어로 써보세요.**

1. 현재 산업 내 이윤이 점점 떨어지고 있으나, 저희 호텔만은 올랐습니다.

1) 영 어 ________________

2) 중국어 ________________

2. 도표를 보시면, 금년 5월부터 객실판매액이 완만히 상승하고 있습니다.

1) 영 어 ________________

2) 중국어 ________________

3. 동기 대비 각각 5%, 7%, 10% 증가하였습니다.

1) 영 어 ________________

2) 중국어 ________________

4. 예를 들면 우리는 국제회의와 관련한 풍부한 경험과 노하우를 가지고 있습니다.

1) 영 어 ________________

2) 중국어 ________________

5. 더 이상 질문이 없으시면, 여기서 프레젠테이션을 마치겠습니다.

1) 영 어 ________________

2) 중국어 ________________

회화 ▸ 신규 고객에게 PPT로 호텔 홍보 2

Kang Seong Han

Good morning, everyone. My name is Kang Seong Han. I am the manager of Marketing at the G&G Hotel. I will address our hotel's sales situation briefly.

姜成韩

我是G&G酒店的营业部部长姜成韩。

wǒ shì G&G jiǔdiàn de yíngyèbù bùzhǎng jiāng chéng hán.

下面我为大家简单地介绍一下我们酒店的营业情况。

xiàmiàn wǒ wèi dàjiā jiǎndāndi jièshào yíxià wǒmen jiǔdiàn de yíngyè qíngkuàng.

Recently service industry profits are going down, but our hotel's is rising. Regular guests are becoming higher and higher.

目前，行业利润空间在大大下降，只有我们酒店就提升了。还有我们这家酒店的回头客越来越多。

mùqián, hángyè lìrùn kōngjiān zài dàdà xiàjiàng, zhǐyǒu wǒmen jiǔdiàn jiù tíshēng le. háiyǒu wǒmen zhè jiā jiǔdiàn de huítóukè yuèláiyuè duō.

As you can see with this table, as of May, the sales are rising. For May, June and July our sales grew over 10%. Every year our average growth rate is over 10%. For example in May it went up 5%, June 7% and July 10%.

从图中可以看出，今年5月份以来，销售额平稳增长。

cóng tú zhōng kěyǐ kànchū, jīnnián wǔ yuè fèn yǐlái, xiāoshòué píngwěn zēngzhǎng.

5月、6月和7月平均增长幅度都在10%以上，同期比涨幅分别为5%、7%、10%，可以说销售情况非常好。

wǔ yuè、liù yuè hé qī yuè píngjun zēngzhǎng fúdù dōu zài bǎi fēnzhī shí yǐshàng, tóngqībǐ zhǎngfú fènbié wéi bǎifēnzhī wǔ、qī、shí, kěyǐ shuō xiāoshòu qíngkuàng fēicháng hǎo.

Customer

What brought such a high growth?

顾客

你们认为这样增长的原因是什么？

nǐmen rènwéi zhèyàng zēngzhǎng de yuányīn shì shénme?

Kang Seong Han We serve the guests with all our strength and we do our best to advance and innovate in the service industry. For example, we do strict sanitation, serve our guests according to our guest's specification, and provide good value for price. We have abundant experience and know-how regarding international meetings and conventions.

姜成韩 原因在于，我们对客户竭诚地服务，还会为推动行业
yuányīn zàiyú, wǒmen duì kèhù jiéchéngdì fúwù, hái huì wéi tuīdòng hángyè
的创新和发展不断努力。比如说严格的卫生管理、
de chuàngxīn hé fāzhǎn búduàn nǔlì. bǐrúshuō yángé de wèishēng guǎnlǐ、
根据顾客的情况进行服务，还有可以用最实惠的价格。
gēnjù gùkè de qíngkuàng jìnxíng fúwù, háiyǒu kěyǐ yòng zuì shíhuì de jiàgé.
而且我们对国际会议有丰富的经验和诀窍。就这样才
érqiě wǒmen duì guójì huìyì yǒu fēngfù de jīngyàn hé juéqiào. jiù zhè yàng cái
能提升竞争力，很快赢得了顾客。
néng tíshēng jìngzhēnglì, hěn kuài yíngdé le gùkè.

If there are no more questions, my presentation is finished. Thank you for listening.
如果没有提问的话，我的发表就到此结束。谢谢各位聆听。
rúguǒ méi yǒu tíwèn dehuà, wǒ de fābiǎo jiù dàocǐ jiéshù. xièxie gèwèi língtīng.

새단어

ENGLISH

- regular guest _ 단골손님(고객)
- sanitation _ 공중위생
- abundant _ 풍부한
- service industry _ 서비스업계
- average growth rate _ 평균성장률
- innovate _ 혁신하다

汉 语

- 行业 _ hángyè _ 명 직업, 직종
- 利润 _ lìrùn _ 명 이윤
- 回头客 _ huítóukè _ 명 다시 찾는 고객
- 平稳 _ píngwěn _ 형 안정되다
- 增长 _ zēngzhǎng _ 동 증가하다
- 同期 _ tóngqī _ 명 같은 시기
- 涨幅 _ zhǎngfú _ 명 상승폭
- 竭诚 _ jiéchéng _ 부 성심성의껏
- 推动 _ tuīdòng _ 동 추진하다
- 创新 _ chuàngxīn _ 명 창의, 혁신
- 诀窍 _ juéqiào _ 명 방법, 비결
- 聆听 _ língtīng _ 동 경청하다

문법 & 어휘 익히기 ▸

1. As of ~: ~부터

As of May the sales of hotel room are rising.
5월부터 객실판매액이 완만히 상승하고 있습니다.

'As of ~' 구문은 '~부터'라는 의미이며, 어떤 일의 발생시점을 나타낼 때 유용한 표현이다. As of 대신에 Beginning으로 바꾸어 쓸 수 있다.

(1) Beginning of last year, we are the number one hotel for this city.
(작년부터 우리 호텔이 이 도시에서 최고의 호텔이 되었습니다.)

(2) As of 2016, we will provide a 30% increase in our parking.
(2016년부터 저희는 주차공간을 30% 이상 증가시킬 예정입니다.)

2. with all our strength: 성심성의껏

We serve the guests *with all our strength.*
저희가 고객에게 서비스를 성심성의껏 하고 있습니다.

'with all our strength' 구문은 '성심성의껏'이라는 의미이다. 다음과 같이 사용할 수 있다.

(1) We provide the best service with all our strength.
(우리는 성심성의껏 최고의 서비스를 제공합니다.)

(2) Our hotel has been providing the best service for over 50 years with all our strength.
(우리 호텔은 50년 넘게 최고의 서비스를 성심성의껏 제공해 오고 있습니다.)

1. 접속사: '比如'

<u>比如</u>说严格的卫生管理、根据顾客的情况进行服务。
예를 들어 엄격한 위생관리나 고객의 상황에 따라
서비스를 하는 것이라 할 수 있겠다.

'比如'는 접속사로 '예를 들어', '예컨대'의 의미로 사용되며, 위의 문장에서처럼 '比如说(예를 들어 말하자면)'이라고 사용되기도 한다. 비슷한 말로는 '例如', '比方说', '举个例子' 등이 있다.

(1) 我刚刚到中国时, 有很多地方不太熟, <u>不如</u>天气、饮食、交通。

(2) 那家公司需要几个业务能力, <u>比如</u>沟通能力、使用计算机的能力等。

2. '认为', '以为', '觉得'의 비교

你们认为这样增长的原因是什么?
이러한 성장의 원인은 무엇이라 생각하나요?

한국어로 '~라고 생각하다.'라는 뜻의 중국어는 '以为', '认为', '觉得' 등으로 다양하지만 상황에 따라 그 쓰임이 다르다. '认为'와 '觉得'는 사람이나 사물에 대해 어떤 생각을 가지고 있음을 나타낼 때 쓰지만 '以为'는 사용할 수 없다. '认为'와 '觉得'의 차이는 '认为'는 주로 객관적 사실에 '觉得'는 주로 주관적 사실에 대한 생각을 나타낼 때 쓴다. 또 '以为'는 주로 사실과 다른 경우 판단 시에 사용하며, '认为'은 사용할 수 없다.

(1) 我还<u>以为</u>他已经结婚了呢。

(2) 你<u>认为</u>这次谁晋升的可能性最大?

(3) 你<u>觉得</u>那个酒店的环境怎么样?

연습문제 ▸

1. 단어 혹은 구문 활용하여 영어 또는 중국어 문장을 만드세요.

1) As of ~

➡ ______________________________

2) with all our strength

➡ ______________________________

3) 以为

➡ ______________________________

4) 认为

➡ ______________________________

5) 觉得

➡ ______________________________

2. 빈칸에 알맞은 단어를 넣어 대화문을 완성하세요.

Kang Seong Han Good morning, everyone. My name is Kang Seong Han. I am the manager of Marketing ( ) the G&G Hotel. I will ( ) our hotel's sales situation briefly.

姜成韩 我是G&G酒店的营业部部长姜成韩。下面我( )大家简单地( )一下我们酒店的营业情况。

Recently service industry profits are going ( ), but our hotel's is rising. ( ) guests are becoming higher and higher.

目前, 行业利润空间在大大下降, ( )我们酒店就提升了。还有我们这家酒店的回头客( )多。

As you can see ( ) this table, ( ) of May, the sales are rising. For May, June and July our sales grew over 10%. Every year our average growth ( ) is over 10%. For example in May it ( ) up 5%, June 7% and July 10%.

( )图中可以( ), 今年5月份以来, 销售额平稳增长。5月、6月和7月( )增长幅度都在10%以上, 同期( )涨幅分别为5%、7%、10%, 可以说销售情况非常好。

Customer What ( ) such a high growth?

顾客 你们认为这样增长的原因是什么?

Kang Seong Han We serve the guests with all our ( ) and we do our best to advance and innovate in the service ( ). For example, we do strict sanitation, serve our guests ( ) to our guest's specification, and provide good value for price. We have abundant experience and know-how ( ) international meetings and conventions.

姜成韩 原因在于, 我们( )客户竭诚地服务, 还会为推动行业的创新和发展不断努力。( )严格的卫生管理、会根据顾客的情况进行服务, 还有可以用最实惠的价格。而且我

们(   )国际会议有丰富的经验和诀窍。就这样才能
(   )竞争力，很快赢得了顾客。

If (   ) are no more questions, My presentation is
(   ). Thank you for listening.

如果没有提问的话，我的发表就(   )结束。谢谢各位聆听。

3. 호텔 영업과 관련하여 프레젠테이션 본론과 결론 부분을 영어 또는 중국어로 만들고 연습해 보세요.

인터넷을 이용한 호텔 마케팅 방법

다양한 호텔 애플리케이션이 활성화되고 있는 상황에서 고객들은 매일 실시간으로 호텔을 가격대비 최고의 사항으로 선택할 수 있게 되었다. 따라서 호텔은 이러한 애플리케이션을 이용한 마케팅방안을 펼칠 필요가 있다. 또 호텔 패키지 정보를 제공하는 카페 커뮤니티를 통해 공동구매를 유도하는 것도 좋은 방법일 수 있다. 그리고 후기를 보고 찾는 고객들도 있는 만큼 체크아웃 고객에게 좋은 후기를 남길 수 있는 이벤트를 진행하는 것도 좋다.

효과적인 프레젠테이션 TIP

1. 발표 시 슬라이드를 쳐다보지 말고 청중과 눈을 맞춘다. 청중의 호응과 참여를 유도하기 위해 대답하기 쉬운 질문을 하는 것도 좋은 방법이다.
2. 중구난방이 되지 않도록 명백하고 구체적인 사실에 기본을 둔 표현을 쓴다. 그렇지 않으면 청중이 지루함을 느낄 수 있다.
3. 슬라이드 구성은 간단명료하게 요점만 정리하며 발표자는 또렷한 발음으로 추가 설명을 덧붙인다.
4. 일반적으로 15분 발표 후 5~10분의 질의응답으로 하는 게 좋다. 기승전결의 시간안배를 철저히 하여 발표시간을 준수한다.
5. 슬라이드를 모두 작성하면 충분한 반복연습을 하며 발표예의에 어긋나지 않는 적당한 어휘를 구사하고 있는지 점검한다.

저자소개

송지미

부산외국어대학교 영어영문학과(문학박사)
현) 부산외국어대학교 영어학부 초빙교수
대한항공 정석대학 출강, 동국대학교 호텔관광경영학과 특강

주요 논문

동사+부사 연어분석과 효과적인 지도 방안(2009)
영어 to-부정사절과 동명사절의 통시적 발달(2013)
The Diachronic Development of Grammatical Function of *That* and *That*-clauses(2013)
의사전달 동사 say와 tell의 연어 관계의 통사-의미 특성과 코퍼스 검증(2013)
영어 모문동사와 보충어의 내재의미 자질일치(2014) 등

장지혜

부산외국어대학교 중국어중국학과(지역학박사)
경성대학교 중국대학 중국통상학과 조교수
현) 부산외국어대학교 중국어과 강사, 창원대학고 중국학과 강사

주요 논문 및 저서

환경과 사회 변화가 도시인의 기질과 문화형성에 미친 영향 – 베이징, 상하이, 광저우를 중심으로(2009)
외자의 중국기업 M&A에 대한 산업안전논쟁의 영향과 대응방안(2010)
중국의 WTO 분쟁 사례 연구 – 중국의 WTO분쟁사안에 대한 종합 평가 및 한국에의 정책시사점(2011)
『현대중국사회: 10개의 시선, 하나의 중국』(2009)
『상황별로 배우는 기초 중국어 회화』(2012)
『상황별로 배우는 중급 중국어 회화』(2015)
『통상실무와 BCT 학습을 위한 비즈니스 중국어』(2015) 등

호텔실무 영어 & 중국어

2016년 2월 25일 초　판 1쇄 발행
2017년 7월 15일 수정판 1쇄 발행

지은이 송지미 · 장지혜
펴낸이 진욱상
펴낸곳 백산출판사
교　정 편집부
본문디자인 편집부
표지디자인 오정은

등　록 1974년 1월 9일 제406-1974-000001호
주　소 경기도 파주시 회동길 370(백산빌딩 3층)
전　화 02-914-1621(代)
팩　스 031-955-9911
이메일 edit@ibaeksan.kr
홈페이지 www.ibaeksan.kr

ISBN 979-11-5763-191-9
값 14,000원